KB074563

물이 말한다

시대와 국경을 뛰어넘는 물 이야기

물이 말한다

PPI 기술연구소 편저

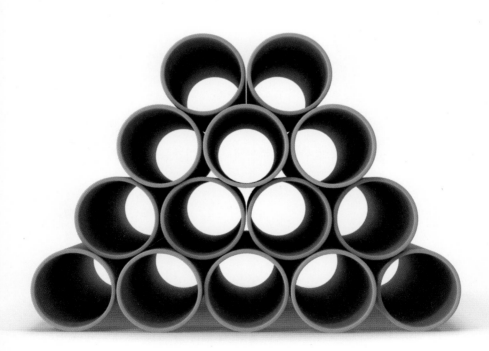

예미

'표준을 만드는 기업'은 '세상을 리드하는 기업'입니다. 지금 이 시간에도 새로운 표준을 만들어 가고, 고객이 믿고 감동하는 품질을 제공하는 기업인들에게 이 책이 또 하나의 국제 표준을 제시하는 나침반이 되리라 생각하며 추천합니다.

한국산업단지공단 이사장/(전)국가기술표준원 원장 **이상훈**

물의 이용과 관련한 역사를 포함하여 다양한 최신 기술 정보들을 수록하고 있을 뿐만 아니라 우리나라 플라스틱 관로 분야에 새 역사를 써 내려오고 있는 PPI PIPE의 기술력과 노하우를 담고 있는 이 책이 독자들에게 물의 가치와 산업으로서의 물의 미래를 준비하는 데 있어 좋은 지침서가 될 것이라고 기대합니다.

한국물기술인증원 원장 **김영훈**

물 산업 분야의 선도기업으로 주목받고 있는 PPI PIPE에서 출간한 《물이 말한다》를 통해, 물의 가치를 널리 알리고 대한민국의 우수한 물 기술이 해외시장에서 전 세계 물 문제 해결의 중추적 역할을 담당하기를 기대합니다.

대한상하수도학회 회장/건국대학교 사회환경공학부 교수 **권지향**

PPI PIPE가 개발한 iPVC는 파이프 소재에 탄성이 있는 고무 성분을 배합하여 파이프의 충격 저항성을 높임과 동시에 내구성과 견고성을 향상시켰습니다. 이로써 iPVC는 일반적인 파이프보다 더 높은 내구성을 갖추게 되었고 특히 수압에 대한 저항성 향상 및 충격을 흡수하는 성능이 향상되었습니다. iPVC의 탄생은 기술적으로도 혁신적이며, 이러한 기술 혁신이 한국의 중견기업인 PPI PIPE에서 이루어졌고 이제 세계 파이프 시장에서 두각을 나타내고 있음을 자랑스럽게 생각합니다.

한국플라스틱파이프연구회 회장/목원대학교 신소재화학공학과 교수 계형산

19세기 이후 인류 건강을 획기적으로 개선한 의학계 최고의 업적은 '상하수도 발전'입니다. 이러한 업적의 핵심은 물의 이동입니다. 인문학적 관점에서 물의 역사를 살펴본《물이 말한다》는 현재는 물론 미래 인류 생사를 좌우하게 되는 물의 이동수단인 '파이프의 역사와 변천과정'을 담고 있는 책으로 독자들에게 신선한 감동을 줄 것으로 기대합니다.

한국상하수도기술사회 회장 조민현

신소재 개발로
인류의 미래를 준비하는 기업

서울대 공대 학장 **홍유석**

인간의 삶에 있어서 가장 필요한 요소 중 으뜸은 바로 '물'입니다. 우리의 몸 또한 혈관이라는 파이프로 구성된 하나의 완벽한 '물 공급망 시스템'이라고 말할 수 있을 것입니다. 그러나 근대에 이르기까지 물을 바라보는 시선은 '언제든지 쉽고 값싸게 얻을 수 있는 생활재'로만 머물러 있었습니다. 예로부터 한국은 수려한 자연과 충분한 물 공급으로 물이 주는 소중함과 가치를 잊고 살았던 것도 사실입니다.

그러나 세계적인 물 부족 현상으로 '물'을 바라보는 모두의 시각이 바뀌고 있는 지금, 21세기의 인류가 사용하고 있는 기존의 '물 공급 시스템'도 달라져야 합니다. 따라서 단순히 물을 저장하고 전달하고 사용하는 시스템이 아닌 '물'을 안전하게 관리하고 공급하고 음용하는 '스마트 물 공급망 시스템'의 구축은 심도 있게 연구되어야 할 시급하고 절대적인 과제라고 하겠습니다.

이렇듯 전 세계적인 관심사로 떠오르고 있는 파이프 산업 분야에서 아무도 시도하지 않았고 완성하지 못했던 신소재 파이프 개발로 ISO 국제 표준을 끌어올린 PPI PIPE의 iPVC 파이프는 아시아는 물론 미국과 유럽에 이르기까지 월등한 기술력과 품질력으로 세계인의 주목을 받게 되었습니다.

지금 세계는 기후변화 위기 대응을 위한 탄소중립과 에너지 전환, 팬데믹에 따른 생활양식의 변화 등 전 영역에 걸친 디지털 대변환이 일어나고 있습니다. 그러나 '위기'는 '위험'이면서 '기회'이기도 합니다. 그리고 '기회'는 변화의 기류를 잘 활용하는 사람이 잡을 수 있습니다. 기술대국 대한민국이 나아가야 할 방향은 신기술로 무장한 국제 표준을 만들어 제품의 영역을 넓혀 나가고 새로운 시장을 개척하는 것이라고 하겠습니다.

공학 분야에서 수십 년간 신기술·신제품 개발과 관련된 융합 산업을 연구해 온 한 사람으로서 기존의 제품을 뛰어넘는 놀라운 물성의 미래 파이프가 탄생하기까지 현장에서 흘린 땀과 도전과 성취의 역사에 존경의 마음을 전합니다. 건강하고 안전한 인류의 미래를 준비한다는 막중한 사명감과 열정으로 세계 시장에서 한국의 위상과 한국 기업의 우수성을 높이고 있는 PPI PIPE 임직원 여러분께도 대한민국 국민으로서 감사의 말씀을 전합니다. 이제 물 산업 분야에서 50년 외길을 개척해 온 기업에서 출간하게 된《물이 말한다》이 책 속으로의 여행을 통하여 인문학적 관점에서 인류 문명을 창조한 물의 가치를 되새겨 보고 하루 24시간 인간의 삶을 움직이는 파이프의 중요성과 미래의 모습을 함께 생각해 보는 의미 있는 시간을 가져 보시길 권장드립니다.

안전한 물과 인류 건강

PPI PIPE 회장 **이종호**

우리 인간의 몸은 60~70%가 수분으로 구성되어 있고, 안전하지 못한 물을 먹고 발생하는 질환이 전체 질병의 88%에 달한다는 세계보건기구의 연구결과가 있습니다. 세계 곳곳에서 근대화가 시작되고 도시가 형성되면서 물의 소비는 급격히 늘게 되었고 이는 곧 물 공급 부족으로 이어졌습니다. 도시 주민들에게 필요한 물을 대량으로 공급하는 과정에서 안전하지 못한 방법으로 사용하는 물은 결국 치명적인 질병을 일으키는 원인이 되었고, 그 결과 수많은 사람들이 목숨을 잃는 재해를 겪어야 했습니다. 그리고 이제 21세기 인류는 세계적인 물 부족 사태라는 현실 앞에 서 있습니다.

물은 '더 건강하고 더 쾌적한 삶'을 준비하는 '미래 핵심 가치'로 아무리 강조해도 지나치지 않으며, 물의 활용기술과 보존방법의 발전적 전개는 절대적으로 중요한 국가 과제로 떠오르고 있습니다. 물을 어떻게 활용하고 관리하고 보존하느냐에 따라 국가의 흥망성쇠도 달라질 수 있습니다.

기후변화 시대에 건강하고 안전한 물에 대한 갈망은 인류가 출현한 이후 지금까지 내려오는 가장 중요한 명제가 되고 있습니다. 300만년 전에 시작된 인류의 탄생부터 성장과 진화와 생존에 이르기까지 수많은 위기 상황에서 '인류가 지금까지 살아남을 수 있었던 힘'의 배경은 과연 무엇이었을까요? 인류의 역사는 물을 통제하고 극복하려 노력해 온 투쟁의 역사이며, 물의 힘을 획득한 자가 곧 부와 권력을 함께 지닐 수 있었습니다. 역사적으로 물이 있는 곳에서 문명이 발생하고, 한 국가 통치자들이 당대에 가장 역점을 둔 치적으로 치수(治水)와 이수(利水)를 삼아 왔다는 것은 주지의 사실입니다.

또한 물은 있는 곳과 필요한 곳이 공간적으로나 시간적으로 차이가 있고, 물이 있는 곳으로부터 물이 필요한 곳으로 이송하는 데는 수도관(水道管)이 필수불가결한 도구라는 것도 불문가지입니다. 저는 물의 공급처와 수요처를 이어 주는 관(管)이 너무나도 중요하다고 생각했기에 배관산업 발전에 대한 기여가 천직이며, '국가를 위해 할 수 있는 애국의 길'이라 믿고 1976년 이후 오늘에 이르기까지 48년간 오직 PVC 배관만을 연구, 개발, 제조해 왔습니다. 그리고 해를 거듭할수록 인류 건강에 끼치는 물의 안전성과 배관의 중요성을 크게 느끼게 됩니다.

이 책을 통하여 고대에서 현재까지 인류 역사와 함께한 물의 역사를 따라가 보면서 나라별로 물 공급은 어떤 방법으로 진행해 왔는지, 그리고 물 공급을 위한 배관의 발전과 변천사를 통해 안전한 물 공급을 위한 배관의 중요성을 알리고자 하며, 개인적으로는 향후 100년 가업을 이어 나갈 관 제조업에 대한 방향성과 풀어 나가야 할 과제를 찾고자 합니다.

국내는 물론 일본, 미국, 이탈리아 등 여러 나라를 현지 답사하여 유적지와 박물관, 공공기관을 통해 자료를 모으고 전문가 여러분의 의견을 토대로 출간되는 이 책이 우리의 생활 속에서 하루 24시간 만나는 물을 가장 소중한 인류 공동의 자원으로 인식하는 계기가 되기를 희망합니다.

'**PPI 기술연구소**' 소개의 글

PPI PIPE는 건축용 오배수관, 소방관, 토목용 상하수도관, 플랜트관 및 각 이음관을 모두 생산하는 국내 최대 유일의 종합 PVC관 전문 제조업체이다. 2009년 배관 제조의 체계적인 연구개발, 내부 기술 축적을 위해 '한국관재기술연구소' 이름으로 연구소를 설립하여 지금까지 PVC 배관의 신기술, 신제품 개발과 품질 향상에 매진함으로써 국내·외 물 산업 발전에 크게 기여해 왔다.

꾸준한 연구 활동 결과 PPI는 현재 수많은 신제품 개발과 국내·외 140여 건의 산업재산권을 보유하고 있다. 그 외 NSF(글로벌위생규격), FED(미국육군공병대), AWWA(미국수도협회), ASTM(미국재료시험협회), JIS, FM 등 글로벌 인증과 국내 신기술, 녹색인증, 저탄소 인증, 재난 안전, 혁신 제품 등 다수의 인증을 보유하고 있다.

개발된 주요 제품 중 iPVC 수도관은 녹 및 부식이 없고 내수압 강도가 국제 표준 대비 30배 강한 물성 개발에 성공한 혁신적인 제품이다. iPVC의 우수성을 알게 된 미국 수돗물 공급 1위 기업인 아메리칸워터(AW)와 미국상수도협회(AWWA) 산하 워터리서치파운데이션(WRF) 두 기관이 자체 비용 40만 달러를 들여 iPVC 수도관에 대해 2년여간 각종 테스트를 진행하였고, 특히 파이프 상시 적용 압력(기본압력)과 수충격 발생 시의 압력 차를 지속하여 반복 적용하는 피로도 테스트(Fatigue Test)에 의하여 미국산 수도관보다 월등한 220년 수명을 검증했다.

또한 세계 최고 권위 내진성능 평가기관인 미국 코넬대학교와 2년에 걸친 공동연구를 통하여, 전 세계 지진에서 95% 이상 살아남을 수 있는 내진용 iPVC 상수도관 개발에 성공하였다. 현재 지진이 많고 해양 부식이 심한 미국 캘리포니아, 뉴저지, 미주리, 하와이 등 9개 주, 15개 도시에 시공하였으며, 스페인 PVC 파이프 1위 기업인 'GPF사'에 기술 수출 계약으로 기술 사용료를 받고 있다.

건축 배관은 국내 시장점유율 60% 이상을 차지함으로써 PPI 제품은 국내 시장에서 PVC 파이프의 대명사로 불리고 있고, 도쿄 국립암센터, 아오야마 타워, 전 세계 토요코인 호텔, 요코하마 시민병원 등 일본 전역 1,000여 개의 주요 건축물에 PPI 제품이 시공되어 있다.

PPI PIPE는 기술연구소의 끊임없는 신기술, 신제품 개발과 품질개선 활동을 통한 기술력에 힘입어 PVC관에 대한 고객 신뢰를 확보함으로써 지금까지 타 관종에 잃어버린 시장을 회복하고, 동시에 기존 타 관종 제품 시장에 진입하여 PVC관으로 전환함으로써 PVC관 영역 확대에 회사의 모든 역량을 집중하고 있다.

차례

1장

문명의 역사와 함께한 물의 역사
"세계 4대 문명을 창조한 물"

| 인류가 살아남을 수 있었던 힘의 배경은?

우리가 살고 있는 지구의 나이는 학자들 간에 이견은 있지만 대략 45억 년으로 추산되고 있다. 이처럼 장구한 역사를 지닌 지구는 은하계에서 생명체가 살고 있는 유일한 행성으로 알려져 있는데 생명체 존재를 가능하게 하는 것이 물이다. 화성이나 우주에 존재하는 행성 탐험 시에 우선적으로 물의 존재를 확인하려고 하는 이유는 물이 있다면 생명체가 존재할 가능성이 있기 때문이다. 이를 반대로 해석해 보면 물이 없다면 생명체도 없다는 것이다.

지구의 탄생기부터 인류가 존재했던 것은 아니며 지금으로부터 약 300만 년 전에 처음 출현한 것으로 추정되고 있다. 유엔(UN) 보고서에 따르면 현재 지구의 인구는 80억 명에 이르고 있다(유엔 홈페이지, 2022년 11월 15일).

그렇다면 300만 년 전에 시작된 인류의 탄생부터 성장과 진화와 생존에 이르기까지 수많은 위기 상황에서 '인류가 지금까지 살아남을 수 있었던 힘의 배경은 과연 무엇이었을까?'라는 질문을 던져 본다. 그리고 이 질문을 통해 그토록 오랜 시간에 걸쳐 인류가 생존할 수 있었던 배경에는 다양한 환경적 요소가 존재하고 있었다는 것을 알 수 있게 된다. 이 책에서는 그 질문에 대한 답을 찾기 위해 인류의 역사와 함께하고 있는 '물의 역사'를 따라가 본다.

인류에게 있어서 물은 생활이고 생존의 도구이지만 물의 속성을 하나로 요약해서 설명하기는 쉽지 않다. 오랜 시간 동안 물은 인류의 생존을 가능하게 한 핵심 가치임과 동시에 생명의 근원으로 다양한 역할을 수행하면서 수많은 역사를 담고 있기 때문이다.

1
인류가 만난 최초의 생명, 물

혼히 물을 가리켜 살아 있는 물, 살아 숨 쉬는 물, 사람과 함께 호흡하는 객체로 표현하지만 물이 갖고 있는 속성은 그 이상의 신비로움을 갖고 있다. '몸의 70퍼센트가 물로 구성되어 있다'는 것은 물은 인간의 탄생과 동시에 함께 존재한다는 것을 뜻한다. 따라서 인간의 활동 대부분은 물을 순환시키는 과정이라고 볼 수 있다.

스티븐 솔로몬은 그의 저서 《물의 세계사 - 부와 권력을 향한 인류 문명의 투쟁》에서 이렇게 말하고 있다.

인간은 물 속에서 성장한다.
인체의 70퍼센트는 물로 이루어져 있다.
인간은 물이며 지구가 물의 행성으로 불리는 데는 이유가 있다.
따라서 물은 인류에게 진정 없어서는 안 되는 자원이다.

슬로바키아에는 "건강한 물은 세상에서 첫째이자 으뜸가는 약이다"라는 속담이 있는가 하면 중국 속담에는 "약보다는 음식이 낫고 음식보다는 물이 낫다"라는 표현이 있는 것만 보아도 건강하고 안전한 물에 대한 갈망은 인류가 출현한 이후 지금까지 내려오는 가장 중요한 명제가 되고 있는 것이다.

오로지 '물'의 관점에서 인류 문명의 역사를 추적하다

비옥한 초승달 지대를 비롯, 인더스강 유역, 황허강 유역 등에서 대규모 관개농업이 발달해 문명이 시작된 이후, 물은 인류의 문명을 결정짓는 절대적인 자원으로 자리매김해 왔다. 주로 문명의 발생기에나 등장하고 소리 없이 사라지던 물은, 이 책을 통해 끊임없이 인류의 가능성을 시험한 역사의 조종자로 새롭게 태어났다. 18세기 말 증기엔진의 발달을 이끌어 낸 수력발전의 역사는 산업혁명을 추동한 핵심 동력이 되었다. 또한 다목적 댐이 건설되어 전기를 생산하고 관개용수를 공급하며 대규모로 홍수를 통제할 수 있게 되자, 인구가 폭발적으로 증가했다. 이처럼 인류의 역사는 물을 통제하고 극복하려 노력해 온 투쟁이며, 물의 힘을 획득한 자가 곧 부와 권력을 함께 지닐 수 있었다. 오늘날 물은 석유 이상으로 세계에서 가장 부족한 핵심 자원이 되었다.

- 스티븐 솔로몬 《물의 세계사》 중에서

세계사를 바꾼 물의 힘,
물이 만들어 준 권력

인류 4대 문명에는 강이 있었고 그 강은 그저 흘러가고 바라만 보는 단순한 강이 아니라 인류에게 생명의 근원인 물을 제공해 주는 최고의 자원이며 보고였다. 다시 말하면 강을 끼고 있지 않은 지역의 문명은 오래 지속되지 못했고 물을 관리하지 못한 권력은 시간이 지날수록 쇠퇴하고 패망하게 되었다는 것이다. 그렇다면 강이 제공한 비옥한 토지를 중심으로 발전되어 인류의 초기 문명을 이끌어 온 인류 4대 문명의 역사적 의미는 과연 무엇일까?

인류 문명의 흥망성쇠에 커다란 영향을 준 것은 다름 아닌 기후였고 기후는 곧 물의 공급과 맞닿아 있었다. 세계 4대 강 유역에서 풍부한 물을 바탕으로 많은 인구가 밀집하여 대도시를 건설하고 집단생활을 하면서 세계 4대 문명이 꽃피워졌다. 대규모 인구가 밀집해서 살기 위해서는 강으로부터 도시의 각 지역까지 물의 원활한 공급이 필요했다. 자연히 강과 도시를 이어 주는 대규모 수로 시설도 필수적인 요소였다. 인류의 4대 문명에서 꽃피운 찬란한 문화를 기반으로 인류는 비약적인 진보를 하게 되었고 이후 이어지는 그리스·로마 문화 시대를 열어 가는 구심점 역할을 한 것이다.

수천 년 전 수렵시대를 지나 인류 문명시대 초기에 인구의 밀집과 정착을 가능하게 하며 인류 문명을 탄생시킨 수로 건설 기술과 관개 등 이·치수의 역할은 이제 21세기를 넘어 미래를 향하여 달려가고 있는 지금, 그 중요성과 필요성이 더욱 절실해지고 있다.

　이제 한정된 자원 '물'은 인류와 어떻게 만나게 되었는지 먼 과거로부터 가까운 과거 그리고 현재의 모습을 살펴보고 미래에도 영원히 인류와 공존해야 할 물에 대한 이야기를 시작해 보기로 한다.

2
물이 있는 곳에 문명이 있었다

물과 인간에 관한 역사적 사건들은 그 수를 헤아릴 수 없을 만큼 방대하지만 강을 중심으로 형성되었던 세계 4대 문명은 주목할 만한 인류 문명의 커다란 획을 그었다.

세계 4대 고대문명의 발생지

두 개의 강을 중심으로 발전한 메소포타미아 문명

유프라테스강과 티그리스강을 중심으로 발전한 메소포타미아 문명은 인류 최초의 국가를 탄생시켰다. 두 개의 강이 제공하는 풍부한 물을 중심으로 형성된 광활한 토지는 사람이 살 수 있는 최고의 자연환경을 만들어 주었고 의식주가 해결되는 그곳에 사람들이 정착하면서 점차 도시의 면모를 갖추게 되었다.

이렇듯 사람을 모여들게 한 도시화의 핵심은 바로 물의 힘이었다. 지금도 메소포타미아 남부에서 수메르인들이 저수지를 만들어 물을 저장한 모습과 도시 곳곳에 물길을 낸 흔적을 찾아볼 수 있다. 이는 곧 메소포타미아의 존재와 인류 최초의 문명을 보여 주는 좋은 증거이다.

인류 최초의 국가를 탄생시킨 메소포타미아 문명

메소포타미아 문명은 지금의 이라크 지역에서 있었던 고대문명으로 기원전 6000년경부터 시작되었다. 메소포타미아 문명은 '갈대의 땅'이라는 뜻을 가진 아카드어(Akkadian)에서 유래한 이름으로, 이 지역은 토지가 비옥하고 강이 많아 농업과 축산업이 발전했으며 건설기술도 발달한 문명이었다.

수메르(Sumer)

수메르 문명의 관개수로 흔적. 오래전 수메르 문명은 관개사업을 통해
곡물과 견과류 및 과실을 풍부하게 생산했다.

서아시아의 메소포타미아 지역에 존재했던 고대문명으로 지금까지 알려진 인류 최초의 문명이다. 티그리스강과 유프라테스강 사이의 풍부한 충적토로 비옥해진 땅을 경작했던 수메르인들은 물을 잘 관리함으로써 문명을 발전시킬 수 있었다.

그 당시에는 지금보다 강우량이 적었던 것으로 조사되었고 이 같은 이유로 당시 인류의 가장 큰 과제는 티그리스강과 유프라테스강을 효율적으로 관리하여 농업 용수와 식수를 공급받는 것이었다. 연구에 따르면 수메르어에는 운하와 제방, 저수지 등에 관련된 단어가 많이 발견된다는 것을 알 수 있다. 수메르인들이 북부지방에서 발달된 농업기술을 갖고 있던 덕분에 남쪽으로 내려와서 풍부한 물을 중심으로 문명을 이룩한 것으로 밝혀졌다.

나일강 치수기술과 함께 성장한
이집트 문명

아프리카 북동부의 나일강을 중심으로 발전한 이집트 문명 역시 풍부한 물이 있었기에 가능하였다. 해마다 범람하는 나일강은 하나의 위험 요소였지만 그럼에도 불구하고 나일강은 상류 쪽 흙을 하류로 이동시켜 주었기에 나일강 유역은 비옥한 농사짓기와 풍부한 농작물로 사람들이 모여들면서 도시가 형성되었다.

나일강이 이처럼 홍수와 가뭄이 반복되었기에 이집트인들은 일찍이 별자리 관찰로 농사에 필요한 물의 양을 조절할 수 있었고 강에 둑을 쌓아 범람하는 물을 모아 수로를 통해 물이 밭으로 흘러가게 하는 이른바 치수를 하는 기술을 터득했다. 우기와 건기에도 풍족한 농작물을 얻을 수 있었던 것은 바로 관개와 치수의 힘이었다.

농경지에 물을 대고 있는 이집트인 (출처:water encyclopedia)

이집트 문명은 기원전 3000년경 고대 이집트 왕조의 수립 이후 알렉산드로스 대왕까지 이어지는데, 폐쇄적인 지형 덕분에 오랫동안 통일을 유지하였고 전제군주인 파라오가 통치하였다. 사회는 파라오 - 신관·관료 - 서기·상인·공인 - 부자유농민·노예의 피라미드 형태의 신분 구조를 보인다. 내세적 다신교를 섬겼으며 상형문자, 파피루스, 태양력, 측량술, 역학적 지식, 의학의 발달 등의 문화적 전통을 지녔다.

정교한 배수로와 하수구 시설을 보여 주는
인더스 문명

인더스강과 갠지스강을 중심으로 발달한 인더스 문명은 '하라파 문명(Harappa Civilization)'이라고도 부르는데, 메소포타미아나 이집트 문명과 같이 강 계곡의 충적평야에 국한되지 않고 상당히 넓은 지역에 걸쳐 성립되었다. 기원전 2500년경에 시작된 인더스 문명은 인더스강 유역을 중심으로 발달한 문명으로 강과 산, 해안 지역까지 광범위한 지역에 걸쳐 거주하는 주민들을 위하여 홍수와 관개시설도 중점적으로 관리해야 했으며 물을 공급하는 수로도 발달하였다.

한 가지 특기할 만한 내용은 주거 유형이다. 인더스 문명은 고대에서 가장 빨리 또 가장 정교한 배수로와 하수구 시설을 가졌다. 도시계획은 인더스 모헨조다로 유적에서 잘 확인되는데 성채 안에 있는 주요 공공건물은 대목욕탕과 곡물창고, 대학과 회의장을 통합시킨 넓은 광장이 있다. 여기서 대목욕탕은 가장 특이한 것으로 수도(水道) 기술의 상당한 수준을 보여 주고 있다.

대목욕탕의 경우 사회 상류층 계급이 사용하던 것으로 알려져 있는데 상당한 규모로 형성되어 있고 넓은 회랑과 방과 함께 개인 목욕실까지 있었다는 것은 인더스 문명이 체계적인 물관리를 통해 도시화를 확대시켜 나간 문명국가였던 것을 짐작할 수 있게 해주는 대목이다.

모헨조다로 유적

유네스코 세계유산으로 등재된 모헨조다로 대목욕탕 유적지

모헨조다로 유적은 인더스강 하류 오른편 기슭에 위치해 있는데 1922년 부근에
있는 쿠샨제국의 불탑(佛塔)을 조사하는 도중에 우연히 발견됐다. 거대한 벽돌 건
물, 정교한 배수시설, 돌 조각, 청동 도구, 금 장신구 등 고도로 발달한 도시생활 모
습을 전하는 여러 가지 유물이 출토되고 있다.

모헨조다로 유적지는 동쪽에는 주거지역과 상업지역으로 구성된 저지대 시가지
가 있고, 서쪽에는 행정과 교육, 종교적 건물로 이루어진 성채가 있다. 기단을 쌓
아 만든 성채에는 우뚝 솟은 높은 탑이 있고 대목욕탕, 곡물창고, 대회의장, 학교
등도 있다. 그러나 권력자들을 보호하기 위한 성의 역할보다는 종교적 의미가 큰
상징적 역할을 했다.

한편, 모헨조다로 사람들은 청결을 중시했고 이 때문에 집집마다 하수도를 갖춘
욕탕이 있었고, 대목욕탕도 별도로 있었다. 이곳의 대목욕탕은 인류 역사상 최
초의 공중목욕탕이었다. 구운 벽돌들을 정교하게 짜맞춰 만든 대목욕탕은 작은

시립수영장 크기로, 남북으로 각각 욕탕으로 들어갈 수 있는 계단이 놓여 있고, 근처 대형 우물에서 물을 공급하며, 남쪽으로 살짝 기울어져 사용한 물을 빼내도록 되어 있다. 목욕탕은 벽으로 둘러싸인 거대한 건물 내부에 중정 형태로 존재했다. 이 시설은 정확한 용도는 불투명하나 종교의례를 행하는 등 종교적 성격이 강하다는 주장이 일반적이다. 대목욕탕 북쪽에는 작은 목욕시설 여덟 곳이 2열로 늘어선 곳이 발견되었다. 각 욕실에는 2층으로 연결되는 방이 있었는데, 거기에는 사제들이 사용한 것으로 짐작되는 방이 있었다. 아마도 목욕재계를 위한 곳으로 추측되고 있다.

동쪽 시가지에서 가장 눈에 띄는 것은 남북으로 높은 벽을 쌓아서 만든 폭 9.14m의 곧은 도로이다. 이 지역은 도로를 따라 배수시설을 완비하고 있다. 주택에서 토관(土管)을 통해 하수구로 물이 흐르면, 이 물은 다시 지하 배수로를 따라 큰길의 하수도로 흐르게 되어 있다. 이곳에는 평균 폭이 1m 정도 되는 우물 75개가 있어서 식수 등의 문제를 해결했다. 주택은 중정 형태로 지어져 바깥에서 안이 보이지 않았고, 아래층은 상업시설 등으로 쓰이고, 주거는 2층에서 이루어져 개인생활이 노출되지 않았다. 모헨조다로의 문명은 물의 원활한 공급과 배수가 만들어 준 문명이라고 할 수도 있다.

잦은 홍수를 다스리며 발달한
황허 문명

황허 문명은 황허강을 중심으로 발전한 문명이다. 기원전 2000년
경의 황허 유역은 고온다습한 아열대기후였고 대홍수가 자주 발생하
자 사람들이 힘을 합쳐 대규모의 관개 작업을 하는 과정에서 문명이
탄생한 것으로 알려져 있다.

사실 중국의 역사는 '강과의 싸움'이라고 해도 과언이 아니다. 특히
황허강의 잦은 홍수는 인간의 생존과 직결되어 있었다. 홍수가 심한
경우엔 백성들의 원성으로 왕권이 흔들리고 국가가 붕괴될 위험도 있
었다. 이런 이유에서 중국의 건국신화에는 홍수 이야기가 많이 등장
한다.

우(禹)가 없었다면 우리는 물고기가 되었을 것이다.

전설의 왕조라 불리는 순임금 때 황허의 범람으로 엄청난 피해가
발생하자 순임금이 '우'라는 신하에게 황허의 홍수를 막으라는 특명을
내렸고 인력과 자재 사용도 무한대로 제공했다는 설화가 전해 내려온
다. 우는 황허의 바닥을 깊게 파는 준설 쪽으로 방향을 잡았고 오랜 세
월 동안 수많은 인력과 장비를 동원해서 황허의 바닥을 파내는 것으
로 하천을 정비했다. 또한 엄청난 강물의 양을 줄이기 위해 방수로를
팠다.

기록에 의하면 우가 황허의 치수(治水)에 성공한 이후 1,500년간 강물이 범람하지 않았다고 한다. 평생 황허의 홍수를 막는 일에 심혈을 기울였던 우는 중국 최초의 국가인 하(夏)의 왕에 오르게 된다. 비록 설화이지만 그만큼 황허의 유용성과 함께 중국의 치수 관리가 국가 형성과 권력 유지에 얼마나 중요한 요소였는지를 보여 주는 좋은 사례이기도 하다.

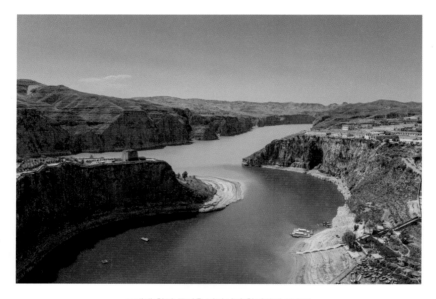

고대에 황허 문명을 발달시킨 황허강의 물줄기

3
세계 최초의 상하수도 시설

세계사에서 최초의 수도관이 발견된 곳으로 로마를 거론하지만 역사적 증거물이 발견된 곳은 놀랍게도 로마보다 앞선 '에게 문명'의 발굴 현장이었다. 에게 문명은 에게해 주변의 청동기 문명으로, 최초의 해양 문명이자 유럽 최초의 문명으로 볼 수 있다.

지중해의 크레타섬에서 시작된 고대문명인 미노아 문명은 에게 문명의 한 줄기로 서양 문화의 시초로 알려져 있다. 한 가지 주목할 만한 사항은 고고학자들에 의해 발굴된 크노소스 궁전에서 세계 인류 최초의 상하수도 시설이 발견되었다는 것이다. 이는 인간과 물의 역사를 논할 때 간과할 수 없는 상당히 중요한 역사의 현장이 되고 있다.

에게 문명

에게 유적지에서 출토된 황금 가면

에게 문명은 에번스가 발견한 크레타 문명과 슐리만이 발견한 그리스 본토의 미

케네 문명으로 나뉜다. 크노소스 유적이 대표적인 크레타 문명은 기원전 15세기

미케네인에게 넘어갔고, BC 12세기에 제2차 그리스인의 침입으로 완전히 붕괴되

었다.

크노소스 궁전

지중해 크레타섬에 존재했던 크노소스 궁전의 왕비 침실은 메가론 (Megaron)으로 불렸다. 왕비의 방에서 주목해야 할 것은 수세식 화장실 시설인데, 화장실 내부에는 욕조와 변기가 있으며 바닥 전체에 배수관 (配水管, distribution pipe)이 깔려 있는 구조였다. 배수관은 흙을 구워 만 든 도자기(테라코타 파이프)로 만들어져 있는데 한쪽이 좁아져서 다른 쪽 과 압력이 맞도록 되어 있다. 이 배수관을 이용하여 10km 떨어진 곳 에서 물을 끌어와서 변기와 욕조에 물을 공급했으며, 일을 본 후에는 주전자에 물을 담아 내려보내 오물이 배수관(排水管, drainage pipe)을 통 하여 외부로 빠져나가는 구조로 만들어진 것이었다. 이른바 상하수도 시설이었다.

지중해 크레타섬 크노소스 궁전에서 발굴된 인류 최초의 상하수도 시설과 욕실

이는 고대 로마 시대보다 한참 앞서 있는 것으로 서양 문명 최초의 미노아 문명에서 최초의 상하수도 시설 역시 나타났다는 것을 보여 주고 있다. 그 후 미노아 문명은 미케네 문명을 지나 헬레니즘 문화를 형성하였고 마침내 찬란한 로마 문명의 꽃을 피우며 관을 통한 상·하수도 문화를 이어 나갔다.

4
삼천리 금수강산,
물의 의미

　한국 역사를 말할 때 '물 맑고 산 좋은 금수강산'이라는 표현을 쓰는 근원에는 예로부터 우리 조상들이 풍수지리를 중요시하였고 이 같은 이유로 촌락이나 집터를 정할 때 물이 풍부하고 흙이 좋은 지형을 으뜸으로 고려했던 배경이 있다. 여러 가지 요인 중 가장 중요한 핵심 자원은 바로 물이었고 농사짓기의 첫째 조건 역시 물이었다.

　농업이 발달한 우리나라는 예로부터 '농자천하지대본(農者天下之大本)'이라 하여 농사짓기를 으뜸으로 여겼는데, 선농단에서의 제사와 임금님의 친경(親耕) 의식도 이런 연유에서였다.

　농사가 국가의 주된 산업이었던 만큼 가장 중요한 것은 바로 물이었다. 비가 오는지 가뭄이 드는지에 따라서 그해의 풍년과 흉년이 결정되는 까닭에 비는 하늘이 내린 선물이요, 민심을 좌우하는 척도가 되었다. 그래서 오랜 기간 동안 비가 오지 않고 날씨가 가물게 되면 우리네 조상들은 나라 곳곳에서 기우제를 드려 하늘에서 내리는 비를 간구했다.

기우제에 관한 흥미 있는 내용이 있다. "농바우끄시"라고 일컬어지는 기우제는 충청남도 금산군 부리면 어재마을을 중심으로 행해진 것으로 인근 마을은 물론 제원면 일대까지 여러 마을이 모여 함께 진행되었다고 전해진다.

2000년 9월 20일 충청남도 무형문화재로 지정된 농바우끄시는 '농(籠)바위끌기'라는 뜻의 방언인데, '농바우'는 느재마을에서 동남쪽으로 약 300~400m쯤 떨어진 시루봉 중턱에 있는 바위로 생긴 모습이 반닫이 농을 뒤집어 놓은 것 같다고 해서 붙여진 이름이다.

(출처 : 국가유산청 국가유산포털 충청남도 무형유산)

이 기우제는 단순히 비가 내리기를 바라는 마음으로 드린 것뿐만 아니라 마을에 거주하는 모든 사람들의 두려움과 갈등을 풀고 행사를 통해 생활의 활력소를 찾음으로써 현실의 난제를 함께 극복하려 했던 삶의 지혜를 엿볼 수 있었던 또 하나의 방식이었던 것이다.

한 가지 특이한 점은 기우제의 경우 남성들은 배제되었고 여성들이 주관하여 진행되었다는 것이다. 남성들은 행사에 필요한 짐을 준비해주는 것으로 그 역할을 담당하게 되는데 부녀자들만 농바우끄시기 노래를 선소리·받는소리로 구성지게 부르고 농바우 아래 흐르는 계곡의 물에 떼지어 들어가 알몸으로 날궂이를 하고 나면 기우제가 마무리된다.

이를 보고 너무 상스러워 하늘이 비를 준다는 것이다.

2장

건강한 물을 향한 인류의 집념

"생존을 위해 인간이 만들어 온 우물, 댐, 수로"

| 안전한 물 확보라는 절대 과제

일찍이 마하트마 간디는 이렇게 말했다.

"지구가 가진 자원은 모든 사람의 필요를 위해서는 충분하지만 소수의 탐욕을 위해서는 부족하다."

지구가 가진 자원 속에 물도 예외가 아니다.

'물이 없다면 인간은 과연 어떤 삶을 살게 될 것인가?' 하는 가장 기본적인 질문에서 시작되는 물의 중요성은 이제 '물을 어떻게 확보해야 인간은 건강하게 살 수 있는가?' 하는 질문으로 바뀌어야 할 때이다.

2024년 4월 기준으로 세계인구는 약 81억 명에 달하고, 이 중 물 부족으로 고통받는 사람은 14억 명에 달한다. 또한 깨끗하지 않은 물로 사망하는 어린이의 숫자는 에이즈 사망률의 5배가 넘는다. 세계보건기구(WHO)와 세계배관협회(World Plumbing Council)에서 공동으로 발간한 2020년 <Health Aspects of Plumbing>저널에 발표된 연구에 따르면, 안전하지 않은 물 공급 시스템을 사용하는 국가에서 살고 있는 사람들은 안전한 물 공급 시스템을 사용하는 국가에 비해 설사, 아메바성 뇌염, 콜레라, 황열병과 같은 질병에 걸릴 위험이 훨씬 더 높다는 것을 발견했다.

따라서 단순한 물이 아닌 안전하고 깨끗한 물의 섭취는 인류의 생존이 걸려 있다고 해도 과언이 아닐 만큼 중요한 과제가 되고 있다.

1
우물과 방아 두레박으로 시작된
인간과 물의 만남

앞 장에서 살펴본 것처럼 물은 인간의 생존은 물론 인류 문명의 발전과도 불가분의 관계에 놓여 있다. 고대 사회로부터 물 공급이 효과적으로 관리될 때는 인류 문명이 발전하였지만 그렇지 못할 경우엔 건강과 생명의 위협은 물론 당대 문명의 몰락이라는 극단적인 결과까지 초래되었다.

선사시대 인류는 하천과 샘물과 같은 식수가 원천적으로 확보될수 있는 환경에서 거주하였다. 그러나 인구가 증가하고 상대적으로 물부족 현상이 나타나자 인류는 물을 따라 이동을 하게 되었다. 문헌에 따르면 동아프리카 초기 소말리아인들은 물을 얻기 위하여 초원을 유랑하는 유목생활을 하였고 사막 지역에서 생존을 위하여 지하수를 파는 것으로 물을 확보하였다. 유목민과 가축에게 물은 필수적인 생존

조건이었던 것이다. 사막에서 확보된 지하수의 우물은 인간과 가축에게 최고의 안정적인 선물이었고 이후 사막 공동체 발달의 토대를 이루게 되었다.

이처럼 인공적으로 물을 구한 최초의 시설은 우물이라고 할 수 있다. 인류 역사에 있어서 가장 오래된 우물은 이집트 누비아에서 발견된 것으로 기원전 2000년 전에 축조된 장방형의 우물이었다. 이 외에도 카이로의 조셉 우물과 함께 고대의 우물 중에서 가장 깊은 것은 중국인이 축조한 것으로 알려져 있으며 깊이가 500m에 달하는 규모를 갖고 있다.

한편, 고대 유적지에서는 양수장치도 발견할 수 있는데 가장 오래된 장치는 기원전 3000년경 바빌로니아에 있었던 것으로 유적지에서는 방아 두레박을 그린 그림이 발견되기도 했다. 활차를 이용한 두레박은 기원전 1500년 이전부터 만들어졌으며 이 장치는 오늘날에도 사용되고 있다는 것은 주목할 만한 역사적인 사실이다.

방아 두레박이나 활차 두레박은 간헐적 양수장치이며 연속적 양수장치로는 기원전 2000년경 페르시아 수차가 발견되었는데 동력원으로 노새나 낙타를 이용했던 점도 인류의 지혜를 엿볼 수 있는 대목이다.

고대의 양수장

　이후 인구의 증가와 함께 도시화가 진행되자 물 수요 역시 빠르게 증대하였고 수도 시설의 필요성도 대두되기 시작했다. 수도 시설은 인간 생활의 가장 필수적인 기본이었으며 산업화를 뒷받침할 수 있는 제1의 과제이기도 했다.

2
세계사에서 진행된
물 활용기술

　부의 많고 적음에 관계없이, 신분의 고하를 막론하고 누구든지, 언제든지 물을 쉽고 빠르고 안전하게 이용하기까지 무려 수천 년의 시간이 걸렸다. 더군다나 인류가 수천 년의 시간을 넘어 지금까지 존속할 수 있었던 이면에는 '물'을 어떻게 관리했는가 하는 것도 중요한 변수였다는 것을 알 수 있다.

　물을 모으고, 모은 물을 도시나 농지까지 운반하여 활용할 수 있도록 하는 수로의 발전은 인류가 물을 활용하는 시간적·공간적 제약을 극복하고 농경을 통한 생산의 증대와 정착 인구의 집중을 가능하게 하였다. 정착 인구의 집중은 도시국가가 탄생할 수 있는 원동력이 되었다.

　그러므로 수로의 건설과 관리로 인한 물의 원활한 공급은 도시국가와 문명의 잉태에 결정적인 기여를 한 것이다. 지금까지 물이 인류에 중요하다는 것은 여러 차례 강조되어 왔지만 물을 끌어와 시민들에게 가져다준 수로에 대해서는 상대적으로 그 중요성을 간과해 온 면이 없지 않다. 다음은 고대 인류의 지혜로 탄생한 각 나라, 각 지역별 독특한 수로와 우물의 형태를 살펴본다.

이란의 카나트

이란에서 발견된 카나트(Qanat)는 개미굴처럼 생긴 우물이다. 문헌에 따르면 이란의 카나트는 세계 최초의 수로로 알려져 있는데 사막기후에서 사람이 정착할 수 있었던 힘의 원천은 바로 인공 지하수로 카나트였다.

수도 기술의 발전은 농사를 위해 인공적으로 물을 끌어 쓰는 관개(灌漑)에서 비롯되었는데, 기원전 1400년에서 550년경 고대 페르시아에서는 고지대 땅속 깊은 곳에 우물을 뚫고 여기에 지하수로를 연결하여 저지대까지 맑은 물을 사용할 수 있도록 만든 카나트를 통해 물을 사용했던 것이다.

이란의 사막지대에 사람들이 정착할 수 있게 했던 인공 지하수로, 카나트

　사막지대 모래 속 깊숙한 곳에 저장된 물을 길어 올리기 위한 인간의 노력은 치열한 생존경쟁이기도 했다. 카나트는 단순한 우물이 아닌 수로의 역할도 수행하는 시설이었다. 수십 미터 땅 속, 빛도 없는 어둠 속으로 들어가서 암반을 부수어서 물길을 만들어 내는 카나트는 인류의 생존을 위한 절실한 기술이었다.

　카나트는 근대 수도시설이 탄생할 때까지 수천 년 동안 이어져 내려왔는데 수로 윗부분이 토양으로 덮여 있어서 물이 증발해 버리지 않는다는 장점을 갖고 있었다. 오랜 시간 동안 사람들의 식수원으로 활용되었던 카나트는 사막지대에서 사람들이 정착할 수 있게 했던 놀라운 기술의 탄생이었다.

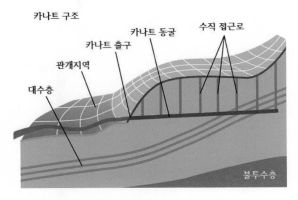

카나트의 구조

한편, 메소포타미아 지역에서 고대문명을 일군 아시리아(Assyria) 인들도 도시의 음용수를 얻는 방식으로 카나트라는 돌파구를 개척했다. 카나트는 튀르키예 동쪽에서 이란 북서쪽의 산악지역에서 기원해 오늘날까지 이란은 물론 중동국가, 아프가니스탄, 파키스탄, 인도, 중국, 이집트에 이르기까지 사용되고 있다.

로마인들 역시 그들이 정복한 나라에 카나트를 설치했는데 스페인과 모로코에서도 카나트가 존재했다는 사실이 이를 입증하고 있다. 스페인 정복자들은 훗날 멕시코에서 카나트를 전파했다.

고나바드(Gonabad) 카나트

카나트는 이란 고원이나 중국 투루판과 같은 고온건조한 지역에 고대부터 만들어졌는데 이란에서는 '카나트'라고 부르고, 일부 지역에서는 '카리즈' 또는 '카레즈'

등으로 불린다. 현존하는 가장 오래된 카나트는 이란 동부 산악지대에 있는 고나바드 카나트인데, BC 700~500년에 만들어진 것으로 알려지고 있으며 2016년 유네스코 세계문화유산으로 지정되었다. 고나바드 카나트는 2,700년이 지난 지금도 4만 명이 넘는 사람들에게 농업용수와 식용수를 공급하고 있는데 주요 우물은 깊이 360m 이상에, 길이는 45km에 이른다. 지금도 이란 고원지역에선 5분의 4 정도의 주민들이 카나트 방식으로 물을 공급받는다.

현대에 지어진 이란의 카나트는 옛날 것보다 효율이 훨씬 떨어지는데 원인은 카나트를 만드는 노하우를 잃어버렸기 때문이다. 고고학자들은 카나트가 BC 1000년 이전, 멀리는 BC 3000년부터 만들어졌을 것으로 추정하고 있다.

한편, 지하에 수로를 뚫기 위해서는 철제도구는 물론 정교한 채굴과 공학적 능력이 필요했는데 경사도를 정확하게 측정해야 했고, 중간에 접근로를 만들기 위해 수직 통로를 뚫는 기술도 요구되었다. 또한 고대 아시리아인들은 카나트의 깊은 우물에서 많은 물을 긷기 위해 도르래를 이용한 양수기술을 개발했다.

파키스탄에서도 북서쪽의 발로치스탄과 차가이 지역에서 카나트(현지어로 '카레즈')를 널리 볼 수 있고, 인도 카나타카에는 '수랑가'라고 불리는 지하로 물을 대는 카나트 구조의 관개수로가 있다. 중국의 북서쪽 사막에 위치한 투루판의 오아시스는 카나트에서 공급하는 물을 오랫동안 사용해 왔다. 투루판은 오래된 비옥한 오아시스의 중심지였으며, 실크로드 북로에 위치한 중요한 무역도시였기 때문에 카나트의 중요성이 더 부각되었다. 이 시스템에 대한 첫 사료 기록은 한(漢)나라 때까지 거슬러 올라간다. 이 지역에서 '카레즈' 관개 시스템의 수는 1,000개에 육박하며, 전체 길이는 5,000km에 이르는 엄청난 대공사였다.

아프가니스탄에서는 카나트를 '카리즈'라고 부르며, 수백 년을 사용해 왔다. 카리즈 구조물은 남부의 칸다하르, 우루즈간, 님로즈, 힐만드 등지에서 발견된다.

또 다른 지역으로 지하의 물길을 활용한 나라가 이스라엘이다. 구약성경에 따르면, BC 701년에 아시리아가 팔레스타인 지역에서 발생한 반란을 제압하기 위해 예루살렘을 장기간 포위한 적이 있다. 하지만 예루살렘은 아시리아의 포위를 이겨 냈는데, 바로 '기혼샘' 덕분이었다.

기혼샘(Gihon Spring)

예루살렘의 수원지는 성벽 바깥에 있는 기혼샘이었다. 유대인 이전에 이곳을 지배했던 여부스인들이 이 샘까지 360m에 이르는 지하 비밀 터널을 파 두었는데, 유대인들이 여부스인들을 몰아낼 때 이 터널의 소재를 파악하고 터널을 통해 시내로 들어와 기습 공격함으로써 예루살렘을 장악했던 것으로 기록되어 있다.

튀르키예의 다라댐

물 사용의 시간적 차이를 극복하게 해주는 것이 저수지이다. 비 올 때 물을 모았다가 마를 때 사용할 수 있는 까닭이다. 또 여기저기 조금씩 고여 있는 물을 수로를 통하여 모아서 저장했다가 다량으로 사용할 수 있도록 하는 것이 저수지이다.

터키(지금의 튀르키예) 다라(Dara) 지방의 다라댐은 세계 최초의 아치형 물 저수시설로, 당시 "로마의 물을 먹는 사람은 누구든지 로마인"이라고 했던 로마의 통치 능력이 이곳까지 영향력을 행사했다는 것을 알 수 있는 또 하나의 역사적 증거이다.

세계 최초의 아치형 물 저수시설, 튀르키예 다라댐

로마의 수도교(水道橋)

"모든 길은 로마로 통한다"는 시대를 뛰어넘어 회자되는 명언으로, 역사상 최초로 유럽과 아프리카와 서아시아까지 통합한 로마제국을 한마디로 정의하고 있다. 로마가 이처럼 강력한 제국을 구축할 수 있었던 이면에는 기술을 개발하고 활용하는 공학적 지식이 존재하고 있었다.

로마가 보유한 놀라운 도시 인프라 중 하나는 바로 깨끗하고 풍족한 물을 공급하는 수도시설이었다. 도시민의 건강과 풍요로움을 뒷받침해 주는 수도시설이야말로 로마를 부국강성의 길로 이끈 원동력이 되었다. 수원지로부터 도시로 물을 끌어오는 수로와 수도시설의 건설로 인하여 심지어 로마시대가 중세시대보다 공중위생이 훨씬 깨끗했던 것으로 평가되고 있다.

로마의 첫 수도(水道)는 기원전 312년에 건설된 아피아 수도(Aqua Appia)로, 특이한 사항은 로마의 도로나 수도에는 건설 총책임자의 이름이 명기되어 있다는 것이다. 아피아 수도 역시 로마의 정치인이었던 아피우스 클라우디우스 키에쿠스(Appius Claudius Ciecus)가 건설하여 '아피아'라는 이름으로 지금까지 명명되고 있다.

아피아 수도는 수원지에서 출발하여 약

아피아 수로의 창설자,
아피우스 클라우디우스 키에쿠스

16.4km에 달하는 거리를 지나 로마 중심부로 도달하였다. 놀라운 사실은 아피아 수도의 대부분은 지하에 있었다는 것이다. 그 당시 물의 순환구조 시스템을 지상이 아닌 지하에 매설했다는 사실만으로도 로마의 토목기술은 상당한 수준이었다는 것을 유추해 볼 수 있다. 지하에 만들어진 수도의 길이는 지상 구간의 약 185배에 달했다는 것이 고증을 통해 확인되었는데, 이는 외부의 침입으로부터 수도시설을 보호하기 위한 것과 수온 상승을 막고 물의 손실을 방지한다는 과학적인 계산도 뒤따랐던 것이다.

강력한 로마제국을 만들 수 있었던 물의 힘, 로마 수도교

스페인 세고비아의 수도교

스페인의 수도교는 로마 트라야누스 황제(재위 98~117년) 시대에 건설되었으며 1906년까지 고지대에 물을 공급하는 역할을 담당해 왔다.

로마제국이 확장됨에 따라 영토가 늘어나게 되고 인구의 밀집화와 도시화가 진행되면서 물의 원활한 공급과 확보는 통치를 위한 필수적인 요소였다. 로마에서는 물 사용량이 급격히 늘어나자 근처에 위치한 산에서 물을 끌어오기 위한 수로를 건설하게 되었다. 수로는 협곡이나 계곡을 통해 형성되었기에 수도교 건설은 절실한 과제였다. 세고비아의 수도교는 산을 뚫거나 물이 물을 건너는 기법으로 건설되었으며 역사이펀 원리를 이용한 고대 기술이었다.

세고비아의 수도교는 166개의 2층 아치로 이루어져 있는 규모의 장대함뿐만 아니라 전체 길이 813m, 최고 높이 30m의 화강암 구조로 로마시대 토목공학기술을 보여 주는 유적지라는 역사적 의미를 갖고 있다. 수도교는 과다라마 산맥에서 가져온 화강암만을 사용해 축조했고 시멘트류나 칠을 입히는 등의 접합방식은 전혀 사용하지 않고 건설되었다. 로마시대에 지어진 이 수도교는 유럽에서 보존이 가장 잘되어 있는 수도교로 알려져 있다. 지난 2천 년의 시간 동안 스페인 세고비아의 수도교가 건재할 수 있었던 비결은 수도교 건축기법의 하나인 벽돌 모양의 블록들이 아치 꼭대기의 종석이 주는 누르는 힘에 의해서 지탱해 준 까닭으로, 이는 고대 로마 수도교가 갖고 있는 또 하나의 과학적 기술로 손색이 없다.

166개 2층 아치로 구성된 세고비아의 수도교

프론티누스*는 이 인상적인 기념물을 "제국에 대한 가장 장엄한 증거"라고 묘사한 바 있다. 로마의 영토가 늘어남에 따라 점령지 주민들에게 로마 문명의 우월함을 과시하기 위한 수도교 건설은 정치적으로도 꼭 필요한 부분이었다.

튀르키예 이스탄불의 수도교

이스탄불은 비잔틴 문명의 본산이다. 서기 476년 서로마제국이 멸

---

* 섹스투스 율리우스 프론티누스(Sextus Julius Frontinus): 서기 1세기 후반의 저명한 로마 토목공학자, 작가, 군인, 상원의원

망하자 로마제국의 중심은 옛 그리스 도시국가였던 비잔티움으로 옮겨 갔고, 그 이름도 콘스탄티노플로 바뀌었다. 이스탄불이라는 이름은 15세기 오스만제국 시대 이후에 얻은 것이다. 비잔틴제국의 수도로서 로마 문명을 계승한 콘스탄티노플은 인구 50만 명을 수용하는 세계 대도시로 번성하면서 새로운 비잔틴 문명을 꽃피우게 되었다.

튀르키에 이스탄불을 말할 때 빠질 수 없는 것이 바로 고대 수자원 공급체계인 발렌스 수로(Aqueduct of Valens)이다. 이는 서기 4세기 후반에 동로마제국의 수도인 콘스탄티노플에 물을 공급하기 위하여 건설된 로마 수로 시스템이다. 수로 건설은 로마 황제 콘스탄티우스 2세 시대에 시작되어 375년 발렌스 황제에 의해 완성되었는데, 황제의 이름을 따서 발렌스 수로로 명명되었다.

이스탄불은 1,600여 년 동안 여러 국가의 수도였으며 그중 로마제국(330년~1204년, 1261년~1453년)의 수도였던 역사성을 갖고 있다. 최초의 세계 제국 로마의 영향을 받아 수로 시스템도 다른 도시에 비해 탁월한 존재감을 과시하고 있으며 지금까지도 이스탄불의 발렌스 수도교는 로마제국의 뛰어난 공학기술의 상징으로 보존되어 있다.

인구 50만을 수용하는 콘스탄티노플에 시공된 수로는 도심으로부터 약 20km 떨어진 벨그라드 숲에서 시작되었으며 산과 계곡을 가로질러 깨끗하고 풍부한 물을 공급했다. 이 덕분에 도시는 지중해와 흑해를 연결하는 교통의 요지에 자리할 수 있었다.

중층 아치로 구성된 로마의 수도교는 도시공학을 기반으로 하는 거대한 예술품이다. 오늘날 수자원 공급이 지하 수도관으로 대체된 이후에도, 심지어 현대적 교통체계에 방해가 되는데도 불구하고, 수도교는 많은 로마 도시에서 꿋꿋이 살아남았다. 현대 도시 이스탄불의 도로를 가로지르는 발렌스 수도교의 존재는 오래된 유적이라기보다 로마 도시의 업적과 위용을 상징하는 기념물이라고 할 수 있다.

로마의 뛰어난 공학기술의 상징인 이스탄불 발렌스 수도교

한편, 수도교를 통해 도시로 흘러온 물을 안정적으로 관리하기 위해서는 거대한 저수조가 필요했다. 로마인들은 저수조를 만드는 솜씨도 일품이었다. 그들은 광장 밑에 지하를 파고 저수조를 건설했다. 물이 오염되지 않도록 관리하는 데는 지하가 유리했을 것이다.

8만 톤의 물을 저장할 수 있는 지하 수조를 만든다는 것은 오늘날의 기술로도 만만치 않은 일이다. 지상의 무게와 수압을 견딜 만

큼 튼튼해야 하고, 방수처리가 돼야 하기 때문이다. 높이 8m의 기둥
을 4m 간격으로 배치하여 가로 143m, 세로 65m에 달하는 거대한 지
하 구조물을 건설하는 데 노예 7천 명이 동원되었는데, 수압에 견딜 만
큼 두꺼운 외벽과 석회를 이용해 방수층을 만드는 기술도 적용됐다.
하지만 로마인들의 예술적 감성은 이 음침한 지하 물창고마저 예술작
품으로 만들어 내었다. 그리스 신전에서나 볼 수 있는 늘씬한 대리석
기둥들이 뻗어 올라 아름다운 주두 장식을 두었고, 천장은 4면으로 나
누어 리브 볼트(Ribbed Vault)로 구성했다.

　가히 신전이나 궁전에서나 볼 수 있는 건축적 품격이다. 터키인들
이 이를 저수조가 아닌 '예레바탄 사라이(지하궁전)'라고 부르게 된 것은
충분히 이해할 만한 일이었다. 이곳에 저장된 물은 도시인들의 식수와
생활용수가 되고, 목욕탕과 정원을 만드는 데 사용됐다.

늘씬한 대리석 기둥들이 뻗어 올라 있는 예레바탄 사라이 지하 저수조

인도의 찬드 바오리

물의 중요성을 인지한 것은 로마뿐이 아니었다. 지하에 있는 물을 일상 속으로 끌어오기 위하여 노력한 고대 도시 중 대표적인 사례는 인도의 찬드 바오리(인공 저수시설)였다. 계단식 우물인 인도의 찬드 바오리는 인도 라자스탄주 자이푸르에서 약 95km 떨어진 시골마을 아바네리에 위치해 있다. 라자스탄은 인도에서도 가장 메마른 지역으로, 이는 곧 이 지역에 찬드 바오리 같은 계단식 우물이 집중적으로 모여 있는 까닭이기도 하다.

이 우물은 하샤트 마타 사원의 반대편에 위치해 있으며 인도에서 가장 깊고 큰 규모를 자랑한다. 9세기에 건설되었으며 거대한 피라미드를 거꾸로 세운 듯한 모양의 계단식 우물로 깊이 30m, 계단의 수가 3,500여 개, 층수는 13층에 달한다.

계단식 저수지인 인도의 찬드 바오리

'바오리'의 뜻은 계단식 우물, '찬드'는 왕의 이름으로, 찬드 바오리는 '찬드'라는 '왕이 만든 우물'이라고 불리운다. 찬드 바오리는 21세기 현재까지도 물 부족 국가인 인도인들의 물에 대한 간절한 염원과 갈망을 보여 주는 좋은 사례이기도 하다.

일본의 카바타

동양권에서는 일본의 카바타 시스템이 있는데, 이 역시 천 년의 역사를 갖고 있는 오랜 수도시설로 아시아에서 처음 볼 수 있는 물 활용 기술이었다. 카바타는 지하 수맥에서 깨끗한 물을 끌어올려서 생활용수로 활용하는 수로 시스템을 말한다. 카바타는 수원이 23m 깊이의 지하에 있어 수온을 연중 13도로 유지할 수 있다는 것이 장점이다.

일본 하리에 마을

다카시마의 신아사히초 하리에 마을의 모든 집은 '카바타'라고 하는 작은 우물을 갖고 있는데, 마을 가정의 상수이자 하수이고 수돗물이자 싱크대면서 욕조와 세면대인 하리에 마을만의 작은 우물이다. 뜻으로 보면 '개천의 최말단'이란 뜻을 갖고 있다. 구조를 살펴보면 땅속에서 물이 솟아 나와 우물을 팔 필요도 없이 작은 토관으로 둘러싸 놓으면 물이 솟는 상수도가 되고, 그 주위에 작은 연못을 파 놓으면 그 물이 넘쳐흘러 하수도로 빠져나가고 그 물이 모여 다시 큰 개천을 이루게 되는 구조이다.

하리에 수로 마을에는 100여 가구의 주민이 살고 있는데 지금도 집집마다 수로로 연결된 작은 웅덩이에 잉어를 키우고 있다. 식수의 수위는 웅덩이의 수위보다 10cm가량 높은 지름 50cm 정도의 항아리를 놓아 잉어가 서식하는 웅덩이와는 다른 수위를 유지하고 있다.

주민들은 이 가내 웅덩이에서 부엌 살림에 필요한 모든 생활을 하고 있다. 식사 준비는 물론 설거지까지 이곳에서 하는데, 음식물 찌꺼기는 잉어의 먹이가 되므로 수로는 오염되지 않는다. 이런 방식을 일컬어 '카바타'라고 하는데 천 년 전부터 이런 물 순환 시스템으로 식수원을 확보하고 물을 순환시킨 인류의 지혜는 천 년이 지난 지금까지 그 명맥을 유지하고 있다.

지금까지 살펴본 것처럼 인류는 3천 년 전부터 다양한 저수 시설과 수로 시설을 확보함으로 도시를 이루고 권력을 유지하는 한편 인류의 수명을 연장하고 문명 발전을 이룩해 왔다.

많은 사람들에게 편리하고 안전하게 물을 공급하는 것은 빠른 속도로 진행되는 도시화를 뒷받침할 수 있는 필수불가결한 요소이다. 물의 확보는 권력의 형성과 유지를 가능케 한다는 의미를 갖고 있으며 수많은 역사의 현장을 통해서도 알 수 있듯이 동서고금을 통하여 이·치수의 중요성은 아무리 강조해도 지나치지 않은 절대의 화두임이 증명되고 있다.

3

인구 100만을 수용한
로마의 상하수도 시스템

　2천 년 전의 로마는 현대의 시설과 비교해도 뒤떨어지지 않는 상하수도 시스템을 구비하고 있었다. 당시 로마는 인구 100만 명의 대도시로 추정되는데 그 옛날에 100만의 대도시는 로마 외에는 존재하지 않는 어마어마한 큰 도시였을 것이고, 이러한 로마의 위용이 로마제국을 지탱하는 버팀목 중의 하나였을 것이다. 그러나 100만 명의 인구를 자랑하기 전에 100만 명의 생명을 유지할 물의 원활한 공급이 없었더라면 인구 100만의 로마는 존재하지 못하였을 것이다.

　'물의 도시'라는 명칭답게 로마인들이 만든 정교한 수로는 현대 토목기술로도 이루기 힘든 대단한 위업이었다. 수십 킬로미터 떨어진 곳에서 물을 운반해 왔는데 이는 100만 명 이상의 로마 시민이 먹고 사용할 수 있는 분량이었다. 더군다나 로마에서는 분수를 만들 수 있을 만큼 충분한 양의 물이 공급되었다. 물을 내보내기 전에 목욕탕 등에서 1차적으로 사용된 물을 화장실로 보내 2차로 재활용하는 구조를 갖고 있었다는 것만 보아도 로마인들이 물을 활용하는 기술이 매우 뛰어났음을 엿볼 수 있다.

기원전 312년, 로마 최초의 수도(水道)이자 세계 최초의 수도인 아피아 수도가 로마의 정치인 아피우스 클라우디우스 키에쿠스에 의해 건설되었다. 이를 비롯해 로마시에는 총 길이가 350km에 달하는 11개의 수도관로가 있었다. 로마는 수많은 수도관을 건설하여 도시와 산업지역, 농경지에 물을 공급하면서 문명을 발전시켜 나갈 수 있었다. 수도관은 대부분 지하에 매설되어 있었으며 아치 수도교가 놓이기도 했다. 때로는 50m 높이 차가 나는 수도관이 연결되기도 하였는데 이 경우 사이펀 원리를 활용하여 물을 끌어올렸다.

로마인은 위생 분야에서도 큰 발전을 이룬 것으로 알려져 있는데 특히 위생과 사교 목적의 공공 목욕탕 '테르미니(Termae)'를 지은 것으로 유명하다. 로마의 여러 가옥에는 수세식 변기와 상수도가 설치되어 있었으며 도시에 대하수도 '클로아카 막시마(Cloaca Maxima)'가 있어서 늪지대로 배수하고 티베리스강으로 폐수를 처리했다. 수도관을 통하여 공급된 물은 계속 흘러가면서 각 가정과 공공시설의 배수구로 빠져나갔다.

'아델(Aedele)'이라는 수도, 도로, 목욕탕을 관리하는 공무원이 따로 있었을 만큼 로마의 수도시설은 눈부신 발전을 이루었는데, 당시 로마 시민들에게 공급됐던 물은 하루 한 사람당 평균 190리터 정도에 달했다. 병으로 환산하면 1리터 병, 190개에 달하는 꽤 많은 양이었음을 알 수 있다. 이것은 서울 시민 1인이 하루에 가정에서 소비하는 물의 양과 동일하니 당시에 얼마나 풍부하게 물을 사용하였는지 짐작할 수 있다.

평민들은 공동 물탱크에서 물을 길어다가 썼고 귀족들은 집 아트리움(중정)에 분수와 수도시설을 설치하고 물을 사용했던 것으로 알려져 있다. 이렇듯 물의 사용 방법만으로도 부의 차이와 계급의 격차를 보여 주고 있다. 물을 어떻게 이용하느냐에 따라서 그 사람의 신분을 알 수 있었던 것이다.

지금은 도시가 들어서면 상하수도 시설은 기본이지만 2천 년 전 당시에 지금과 비교해도 뒤떨어지지 않는 시설을 갖추었다는 것은 가히 상상을 초월하는 역사적 사실이다. 또한 고대 로마인이 깨끗한 식수를 공급받고 위생적인 배수를 할 수 있도록 한 상하수도 시설은 로마 공학기술의 우월성을 보여 주고 있으며, 세계를 제패한 로마제국 번영의 근간을 보여 주는 의미 있는 역사적 상징이기도 하다.

로마의 수도시설은 로마제국의 몰락과 함께 잊혀졌다. 상수도를 유지하려면 막대한 인력과 자원이 필요한데 제국이 멸망하면서 이를 감당할 능력 역시 사라져 버렸다. 그 결과 수도시설 관리와 운영은 쇠퇴했고 중세 암흑기를 지나 12세기에 들어와서야 일부 수로의 건설이 행해졌다.

4
산업혁명과 함께 시작된
체계적인 물 공급 시스템

16세기에 들어오면서 유럽은 늘어나는 인구로 물이 부족해졌다. 유럽의 여러 나라 중에서도 도시화 속도가 가장 빨랐던 영국의 경우는 더욱 심각했다. 그 결과 영국은 수도시설을 발전시키게 되었고, 영국 런던에 처음으로 수도시설이 설치된 1582년 이후 1619년에는 최초의 물공급 회사인 뉴리버컴퍼니(New River Company)가 설립됐다.

파이프라인 연결망을 통해 각 가정에 물을 공급하기 시작한 뉴리버컴퍼니는 수도 파이프를 목관에서 주철관으로 교체했다. 1761년에는 증기기관을 이용한 펌프를 설치해 더 먼 곳에서 깨끗한 물을 끌어올 수 있었다. 산업혁명으로 세계에서 가장 빠른 성장 속도를 보인 영국은 이후 안전하고 깨끗한 물을 공급하는 시스템을 개발하는 선두주자로 나설 수 있었는데, 상수도 시스템의 변화뿐 아니라 정수처리 방법을 처음 도입한 것도 영국이었다.

　물의 수질을 개선하기 위한 근대적인 정수처리 방법이 처음 등장한 것은 19세기 초반으로, 영국의 첼시수도회사(Chelsea Waterworks Company)는 물을 하루 5m 이내의 모래층에 천천히 통과시켜 깨끗한 물을 만드는 완속여과법을 개발해 1829년 런던 템스강에서 처음으로 시행했다. 당시에는 세균에 대한 이해가 부족해서 여과의 목적은 물을 탁하게 만드는 물질을 제거하는 데 그쳤다. 이 여과법이 상수도 역사의 한 획을 긋는 획기적인 사건이었음은 반세기가 지나서야 밝혀지게 된다.

　1829년부터 번지기 시작한 콜레라는 순식간에 유럽 전역을 휩쓸었다. 콜레라가 대유행한 후 그 원인에 대한 연구가 많이 이루어졌고, 콜레라와 같은 전염병이 마시는 물로 감염될 수 있다는 주장이 나왔다. 여과된 물을 마신 지역에서는 사망자가 훨씬 적게 발생했기 때문이다. 완속여과는 물을 천천히 모래층으로 통과시키는 과정에서 모래층 표면에 얇은 생물막을 형성시킨다. 이렇게 형성된 생물막은 물 속의 작은 입자들과 미생물을 걸러 내므로 병원균들도 걸러 내게 된다.

　이를 실험적으로 확인한 사람은 영국의 화학자 에드워드 프랭크랜드(Edward Frankland, 1825~1899)로, 1885년 완속여과된 물 속의 박테리아가 줄어든다는 사실을 현미경을 통해 확인했다. 완속여과법은 장치가 비교적 간단하고 유지하는 비용 역시 저렴했기 때문에 유럽의 여러 나라로 급속히 확대됐다.

상수도는 19세기 후반에 이르러 획기적인 변화를 맞았다. 단순히 물을 공급하는 시설에서 벗어나 정수의 기능을 갖춘 중요한 위생시설이 되었다. 수인성 전염병균을 사멸시키기 위한 소독이 시행되었고, 완속여과법뿐만 아니라 급속여과법도 개발되어 다량의 정수된 물을 공급할 수 있게 되었다.

1884년에는 미국의 하얏트(A. Hyatt)가 황산철을 사용한 급속여과법으로 특허를 획득하고, 같은 해 뉴저지주의 썸머빌에서 급속여과지가 최초로 만들어졌다. 이 방법은 완속여과법에 비해 여과 속도가 10배 이상 빨랐다. 그렇기 때문에 인구가 많아 대량의 물을 빨리 정수 처리해야 하는 대도시의 정수장에 적합했고, 현재에 이르러 대부분의 정수장에서 사용되는 시스템이 됐다.

반면 급속여과법은 완속여과법에 비해 물에 녹아 있는 미량의 유기물이나 악취를 제거하는 데 취약하다는 단점이 있다. 따라서 20세기 후반에는 물에 녹아 있는 여러 미량의 유기물질 성분과 맛이나 냄새를 없애 주기 위해 오존 처리나 활성탄 흡착 등의 고도정수법도 개발되어 급속여과에 추가하여 도입되고 있다.

오존이 정수처리에 사용된 것은 매우 오래전부터이다. 1785년 독일의 반 마룸(Van Marum, 1750~1837)이 처음 발견했고, 1801년 프랑스의 크뤽샹(Cruickshank)이 물을 전기분해하면 발생하는 가스에서 특이한 냄새가 난다는 사실을 알아냈다. 1886년에는 프랑스의 드 메리땅(De Meritens)이 오존을 발생해 곰팡이, 박테리아와 같은 세균을 살균하는 실험에 성공했다.

오존은 강력한 산화력으로 물 속에 있는 미세한 유기물질을 제거하고 세균을 살균할 수 있다. 1893년에 네덜란드 정수장에 오존에 의한 소독처리가 처음으로 도입된 후 오존의 수요는 급속히 증가했다. 그러나 제1차 세계대전 중 저렴한 비용의 염소가스가 개발되면서 오존의 수요는 감소했다. 염소 소독은 현재 정수장에서 가장 많이 사용되는 소독 방법이다.

최초의 염소 소독은 벨기에서 1902년 실시됐다. 염소 소독의 경우 수돗물에 오래 잔류해서 수도관으로부터 침투하는 세균을 지속적으로 제거한다는 장점을 갖고 있는데 경제적인 측면에서도 이점이 있다. 이런 장점 때문에 염소 소독은 전 세계적으로 실시되고 있다.

수도꼭지를 틀었을 때 하얀 빛을 띠는 수돗물이 나오는 경우가 있는데 이를 염소라고 잘못 이해하고 있지만 사실은 물 속에 산소가 포함돼 있기 때문이다. 특히 겨울철 집 안과 밖의 온도 차가 커서 산소가 차가운 밖에서 물에 많이 녹아 있다가 따뜻한 집 안에서 대기 중으로 나오려는 성질이 강해질 때 자주 발생한다. 물 속의 산소가 강하게 분출되는 수돗물에서 미세한 포말을 형성하기 때문이며 수질이 나쁜 것은 아니고 곧 사라진다.

수중의 미생물을 소독하는 방법으로 염소나 오존 대신 자외선을 사용하기도 한다. 자외선은 염소로 사멸시키기 어려운 지아디아 등 원형동물에 강력한 살균 작용이 있지만, 염소와 같은 잔류효과가 없으므로 소독 후 물을 공급하는 과정에서 다시 미생물에 오염될 가능성도 있다. 이 때문에 정수장에서는 꼭 필요한 경우 외에는 거의 사용되지 않는다.

하수도 시설의 경우 19세기 초 수세식 화장실과 하수도의 보급이 시작됐고, 콜레라 유행을 계기로 대규모의 하수도가 건설되기에 이르렀다. 1870년경부터는 하수를 황무지에 유입시켜 오염된 하수를 미생물로 정화하는 관개법이 등장했는데, 1914년 영국 맨체스터에서 활성오니법*에 의한 하수처리장이 건설된 이래 이 방법은 가장 진보된 방법으로 인정되어 현재까지 대부분의 하수처리 방법으로 이용되고 있다.

상하수도는 도시를 청결하게 유지해 인간의 평균수명을 20년 이상 늘리는 엄청난 효과를 달성했다는 평가를 받는다. 그러나 문제가 없는 것은 아니다. 상하수도 시설을 건설하고 유지·관리하려면 시간과 비용이 엄청나게 든다는 점이다. 로마제국이 멸망하자 그들의 우수했던 시설이 붕괴된 것이 그 좋은 예이다.

그렇다면 지속 가능한 상하수도 관리는 어떻게 해야 할까? 답은 물질의 흐름을 순환시키는 데 있다. 예를 들면 하수에서 발생한 영양염류들을 하천에 버리기보다는 음식물의 재배에 이용하는 등 재순환시키는 것이다. 이를 이용하면 화학비료의 사용을 줄일 뿐 아니라 하천

---

* 활성오니법 : 하수(下水)의 생물학적 산화법. 활성슬러지법이라고도 한다.

으로 방류되는 오염물질도 줄일 수 있다. 이처럼 수질오염을 감소시키는 노력이야말로 상하수도 관리 비용을 절감하고 환경을 보존하는 가장 좋은 방법이다.

　미래지향적인 현대식 상하수도 시설을 갖추기 위해 IT(정보기술), BT(생명공학기술), NT(나노기술) 등을 접목시키는 노력 또한 필요하다. 또한 지금은 기후변화에 대한 새로운 인식도 필요한 시점이다.

5

안전한 물관리로 실현되는
인간 수명연장의 꿈

　사회화가 진행되던 초기에 각 가정에서 소비된 물은 거리와 도랑에서 바로 처리가 되었기에 사후관리도 문제가 되지 않았다. 사용한 물은 바로 하천으로 흘러갔고 인구 밀도가 높지 않았던 지역에서는 자연정화도 가능했다. 그러나 인구 증가와 함께 도시화와 산업화가 진행되면서 상황은 달라졌다. 상수와 하수의 구별이 없이 진행되는 물의 순환은 물 생태계를 오염시켰으며 각종 세균과 다양한 질병이 출현했다. 오염된 강이나 개천, 우물의 물을 마시게 되면서 순식간에 수인성 전염병이 퍼져 나갔고 인간의 평균수명도 짧아졌다. 결국 걷잡을 수 없이 전 세계로 퍼져 나간 전염병의 공포는 인류의 수명과 생명을 위협하기에 이르렀다.

　여러 학자들의 연구와 조사로 오염된 물이 콜레라와 같은 전염병을 단기간에 널리 퍼뜨린다는 것이 밝혀졌으며 인류는 해결책을 모색하게 되었다. 그리고 마침내 안전한 물을 공급받음으로써 인류의 수명이 연장되는 커다란 전기가 마련되기에 이르렀다.

영국의 〈타임스(The Times)〉의 보도에 따르면 20세기 들어 인간의 수명은 약 35년가량 늘어났으며 그중 20년은 "깨끗한 상수도의 보급" 덕분인 것으로 분석하고 있다. 영국의 권위 있는 의학 전문지인 《브리티시 메디컬 저널(BMJ)》은 2007년 1월 19일 기사에서 지난 160년간의 의학적 성과로 "깨끗한 물과 하수도의 보급"을 1위로 꼽았다. 상하수도 시스템의 등장으로 장티푸스, 콜레라, 이질 같은 불결한 환경에서 전파되는 수인성 전염병으로부터 인류를 보호함으로 인간의 평균수명을 30년이나 연장하는 데 공헌했다는 것이다.

고도정수처리시설을 완비한 뚝도아리수정수센터(사진제공: 서울특별시 수도박물관)

한편, 우리나라에서 수돗물을 처음 마시기 시작한 것은 1908년 서울의 뚝도정수장이 준공된 시기로 기록되고 있다. 이후 서울 시민에게 수돗물이 공급되기 시작하였고 그 후 인천과 평양, 부산, 대구 등 각 도시로 점차 수도시설이 보급되면서 지금에 이르게 되었다.

태초부터 지금까지 지구상에 존재했던 많고 다양한 생명체 중에서 인류는 출현한 이후 끊임없이 발전과 성장을 거듭해 왔다. 그리고 그 과정에서 생존을 위한 다양한 시도와 연구가 진행되었는데 그중 하나가 바로 '안전한 물 공급 시스템'이었다는 것이 학계와 의료계, 언론에서 발표된 내용이다. 인류 역사의 커다란 한 획을 그은 '체계적이고 과학적인 물관리'야말로 아무리 강조해도 지나치지 않은 인류 유산의 하나로 그 역사적 가치를 인정받고 있는 것이다.

수명연장의 꿈은 인간의 오랜 염원이면서 시대와 국가를 뛰어넘는 숙원 과제였다. 그리고 이제 인간은 다양한 생존의 현장에서 그 꿈을 실현시키기 위하여 도전과 열정의 시간을 만들어 가고 있다.

3장

세계 수도관의 변천사

"목관에서 21세기 미래 파이프까지"

| 대륙별 · 국가별로 알아보는 상하수도의 역사

물이 인류에게 가장 중요한 자원이라고 하지만 인류가 물을 사용하려면 물이 있는 곳에서 사람이 사는 도시까지 물을 이송해 오는 관이 절대적으로 필요한 것은 불문가지이다. 물의 가치를 오롯이 세워 주는 것은 관이라고 할 수 있으니 관도 물 못지않게 중요하다고 할 수 있다.

이번 장에서는 근대 인류가 단기간에 산업화와 도시화를 이룰 수 있었던 근간을 이루고 있는 핵심 사회 간접자본시설인 세계 수도관의 역사를 살펴보고자 한다. 이를 위하여 고대 로마 유적지에서 발견된 인류 최초의 상수도 시설부터 중세와 근세, 근대와 현대로 이어지는 상하수도 변천사를 대륙별, 국가별로 알아본다.

또한 인류의 수명 연장과 문명의 발전에 커다란 비중을 차지했던 상하수도관의 역할과 중요성을 알아보고 기후와 환경 변화로 인해 한 방울의 물이 소중한 이 시대에 현재의 인류와 미래 인류는 무엇을 준비해야 할지 그 답을 생각하는 시간을 가져 본다.

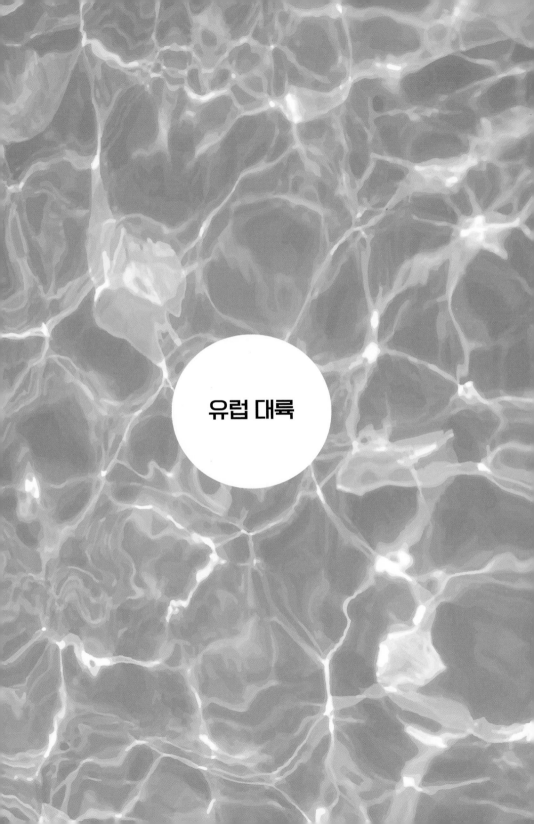

유럽 대륙

[유럽 대륙]
로마

모든 수로는 로마로 통한다

로마인들은 물 공급을 위해 강을 가둔 최초의 도시 사회를 가졌던 것으로 기록되어 있는데, 세계에서 가장 오래된 수로는 기원전 312년에 건설된 로마 최초의 수로인 '아쿠아 아피아(Aqua Appia)'이다. 로마에서는 샘물과 호수의 물을 끌어올려 수로를 통해 전달하였고 도시 가장자리에 있는 아치형 석조 저수조에 저장하였는데 이 물은 공동 목욕탕이나 분수대에서 사용되었으며 일부는 개인 주택으로 분배되어 공급하였다. 아피우스 클라우디우스 키에쿠스가 만든 아피아 수로는 로마시 동쪽 산지에서 솟아나는 물을 수원(水源)으로 로마시에 물을 공급할수 있었다.

로마시대의 수도시설은 탁월한 기술과 웅대한 규모 면에서 역사의 한 장면으로도 남아 있다. 기원전 272년에는 로마에서 두 번째로 '아니오 수로(Anio Vetus)'가 건설되었는데 아니오 수로는 아니오강을 수원으로 하는 까닭에 이름이 명명되었다. 이후 3세기경까지 로마시대에는 모두 11개의 수로가 개설되어 시민들에게 24시간 물을 공급해 주는 시스템이 구축되었다.

특히 2천 년 전 로마 아그리파에 의해 세워진 여섯 번째 '비르고 수로(Aqua Virgo)'는 수질이 좋기로 유명한데, 비르고 수로를 통해 전달된 물은 현재 로마의 주요 관광지 중 하나인 트레비 분수와 스페인광장 분수에서 사용되며 그 명성을 이어가고 있다.

아그리파에 의해 만들어진 비르고 수로를 통해 물이 공급되는 로마 트레비 분수

최초의 수도국 창설자, 아우구스투스 로마 황제

로마제국 초대 황제인
임페라토르 카이사르 디비 필리우스 아우구스투스
(Imperator Caesar divi filius Augustus)

물이 곧 생명이고 권력이고 힘이었던 시절, 물을 일상 속으로 끌어오기 위한 다양한 기술은 발전과 변천을 거듭했다. 그러나 도시화가 빠르게 진행되면서 물은 점차 더 이상 많은 사람들에게 쉽고 빠르고 값싸게 공급될 수 있는 자원이 아니었다. 땅속이나 하늘, 바다와 강… 곳곳에 물은 존재하고 있었지만 그 모든 물을 사용할 수 있는 것은 아니었다.

로마의 황제 아우구스투스는 로마 최초로 수도국을 창설한 인물로 잘 알려져 있다. 그는 물은 국가가 관리해야 하며 물은 곧 권력과 정치와 파워 그리고 통치의 수단임을 간파했던 인물이었다. 물 관리 기술은 단순한 공학기술이 아닌 통치를 유지하기 위한 기술이기도 했던 것이다.

수도 파이프와 수로 및 배수 시설물은 문명의 발전과 성숙을 나타내는 척도라고 할 수 있다. 로마제국에서 시작된 상하수도 시설은 이후 프랑스와 이탈리아, 네덜란드, 영국 등지까지 영향을 주었으며 이는 유럽의 배수체계를 발전시키는 기본이 되었다.

한 가지 특이할 만한 사항은 수로는 로마에만 건설된 것이 아니라 전 세계 로마의 속주나 점령지에까지 건설되었다는 점인데 로마가 세력을 확장하는 곳마다 수로도 건설했다. 폼페이, 프랑스의 리옹, 독일의 쾰른, 이스라엘과 북아프리카의 카르타고, 스페인의 세고비아까지 그 범위가 확장되었다. 특히 카르타고의 경우 사막 너머에서 물을 끌어와야 해서 수로의 길이가 무려 132km에 달했다.

한편, 사람이 군집생활을 하면 배설물이 발생되는데 집단의 규모가 작을 때에는 배설물이 자연환경에 확산되어 사라지기 때문에 전혀 문제가 되지 않지만 집락의 규모가 확대되면서 배설물을 배제하기 위한 시설로서 하수도가 필요하게 되었다. 역사상 처음으로 하수도가 나타나는 것은 메소포타미아 시대로, 많은 도시의 유적에서 궁전으로부터 폐수를 하수도에 의해 배제하는 시스템이 발굴되었다.

2,200년 된 로마 대형 하수도관의 실제 모습

영화 〈쿼바디스〉에서는 로마 시대의 하수도를 볼 수 있는데, 로마에 불이 나면서 군대가 시민들을 못 나가게 하자 주인공이 하수도관을 통해 시민들을 탈출시키는 장면이 나온다. 영화 〈로마의 휴일〉에 나온 '진실의 입(The Mouth of Truth)' 원형 얼굴 석상은 원래 길 건너편 헤라클레스 신전의 하수구 뚜껑이었다고 알려져 있다. 진실의 입에 새겨진 석판 부조는 해신 트리톤의 얼굴이다. 진실의 입은 지름이 1.5m 되는 석판으로 입의 크기는 20cm가량 된다. 거짓말을 하는 사람이 그 입에 손을 넣으면 손이 잘린다는 전설이 전해 오고 있는데 지금은 로마 여행객들의 필수 여행 코스로 인기를 누리고 있다.

하수도 뚜껑으로 사용되었다고 알려져 있는 '진실의 입'

대부분의 하수구는 사각형 단면으로 만들어져 있으며 뚜껑으로 덮여져 있다. 로마에서는 우수한 기술로 많은 토목사업이 실시되었고

"모든 길은 로마로 통한다"라는 문구로 잘 알려져 있는 도로 건설을 비롯, 석조의 대수도교 등 많은 시설이 있다.

인류 문명의 획기적인 전기를 마련해 준
로마의 상하수도 시스템

로마가 대제국을 완성할 수 있었던 역사적 배경 중의 하나는 로마가 일찍이 다량의 물을 확보할 수 있었다는 점인데, 이것이 가능했던 이유 중 하나는 로마 대부분의 도시가 지중해와 연결되어 있었기 때문이다. 고온건조한 지중해성 기후였던 로마는 물의 제국이었다. 물과 바다의 도시 로마는 풍부한 물 자원 덕분에 눈부신 발전을 이루어 갈 수 있었던 것이다. 물의 제국, 로마에서 로마인들은 고온건조한 지중해성 기후로 비가 거의 내리지 않는 여름을 이겨 내기 위해 수도교를 창안하기에 이르렀다.

한편 로마의 수도 관리도 주목할 만하다. 우선 상수원 일대의 토양, 생태계, 동식물과 주민의 건강 상태와 수질 검사까지 면밀하게 조사한 후 수원을 결정하고 수면보다 깊은 곳의 물을 끌어올려 사용했던 것으로 기록되어 있다. 물을 전달하는 방법은 물을 평균 2~5%의 기울기를 이용하여 도시로 흐르게 한 후에 터널과 수도교를 이용하여 도시까지 가져온 다음 저수조에 모았다가 공공기관과 마을, 각 가정에까지 공급하는 구조였다.

이렇게 전달된 물은 도시에 와서 최종적으로 마을 곳곳에 있는 공동 저수조에 공급되었고 누구나 무료로 물을 사용할 수 있었다. 다만 가정에서 전용 수도를 설치할 경우는 허가를 받아야 했고 일정 금액의 수도요금을 내야 했다는 것이 기록으로 전해진다.

지금은 역사의 한 장면으로 남아 있지만 인류 문명의 획기적인 전기를 마련해 주었다는 점에서 로마시대 상하수도 시스템은 우리에게 시사하는 바가 크다. 만약 로마에서 수도관이 처음으로 만들어지지 않았다면, 그리고 유럽에서 시작된 수도관의 역사가 없었다면 인간의 수명과 문명의 발전은 상당 기간 후퇴하였을 것임은 자명한 사실이다.

이렇듯 인류 문명의 기초를 놓았던 로마제국의 기록과 역사적 흔적은 21세기를 살고 있는 지금의 우리와 밀접한 관계를 갖고 있다. 누군가가 처음 시작하였으니 지금의 인류는 그 처음을 토대로 뒤를 이어 발전하는 지렛대를 얻게 된 것이다. 로마의 수도관에서 비롯되어 근 2천 년의 시간 동안 변화와 변천을 거듭해 온 세계 수도관의 역사는 시간과 공간을 넘어 21세기 미래를 향하여 진행되고 있다.

로마의 멸망은
납 중독 때문이었다?

앞에서 살펴본 바와 같이 로마제국은 이탈리아 반도는 물론 유럽과 북아프리카까지 지배할 정도로 막강한 힘을 자랑했다. 그러나 절대 권력은 절대 부패한다던가? 세계를 향하여 거침없이 내달리던 제국은 제정기(帝政期)를 거치면서 게르만족, 페르시아 등의 위협과 내부 갈등으로 서서히 무너져 내리기 시작했다.

로마의 멸망 원인을 연구하던 역사학자들은 흥미로운 사실을 발견했다. 당시 로마 상류층에서 즐겨 사용하던 납이 각종 질병의 원인이 되어 승승장구하던 로마제국의 몰락을 가져왔다는 주장이 그것이었다. 깨끗한 물이었지만 그 물을 납 파이프로 이동시켜 식수로 사용하던 로마 상류층이 납 중독에 노출됨으로 각종 질병에 쉽게 걸렸고, 그 결과 전쟁에 출전한 사병들에게도 전파되어 전투에서 패배하는 결과를 초래하게 되었다는 것이다.

과학자들의 연구에 따르면 식수로 사용했던 수도관의 파이프 재질은 '납'이었고 납으로 만든 배관은 많은 세월 속에 납 중독 현상을 일으켰다. 납 중독의 위험성을 모르던 로마인들은 용융점이 낮고 성형하기 쉬운 납을 수도관으로 사용했고, 결국 로마의 지배층이 납으로 만든 상수도관을 통해 식수를 공급받아 납 중독에 걸리게 되었으며, 이는 곧 로마 몰락의 직접적인 원인을 제공하게 되어 많은 이들을 죽음으로 몰고 갔다는 것이다.

한편, 납 중독은 신경계에 이상을 일으킨다는 내용이 연구 결과 밝혀졌다. 납 중독 때문에 사망하는 일은 거의 없지만 정신이상, 신체마비, 빈혈, 구토 증상을 보이기도 한다. 특히 신경계 증상이 나타나면 회복이 힘들어지며 심한 흥분과 정신착란, 경련, 발작 등을 동반할 수 있다는 것이 의학계의 정설이다.

또한 납 중독에 걸리면 배가 계속 고프게 되고 정신적인 착란도 이어지게 된다. 일반적으로 식사를 하면 음식이 위장으로 들어가 대뇌에 충족감을 주게 되고 밥 숟가락을 놓으라는 명령을 내려 적당량을 섭취할 수 있지만 신경계에 이상이 오면 대뇌에 충족감을 못 느끼게 된다는 것이다. 로마 역사에서 네로 황제와 로마 귀족들이 더 많은, 더 맛있는 식사를 하기 위하여 토하기를 반복한다는 사료가 나오기도 했지만 근본적인 이유는 사실 다른 차원이었을 가능성도 있다.

납 중독이 인체에 얼마나 무서운 영향을 미치는가 하는 것은 많은 학자들에 의해 연구되고 있는데 로마인들은 목욕탕에서 쓰는 납 파이프를 통해 납 성분이 섞인 물을 마셨고 또 납으로 만든 컵, 납으로 만든 요리 냄비뿐 아니라 여자들의 경우 얼굴 화장에 썼던 '납으로 만든 화장분' 등이 납 중독을 초래했다는 것이다. 특히 로마인들은 포도주를 매우 즐겼는데, 로마시대에는 포도주의 질을 높이기 위해 납을 입힌 냄비에 끓인 포도시럽을 첨가하였다고 한다. 이 과정에서 상당량의 납이 포도주 속에 스며들었을 것이라는 가설이다. 그리고 납 성분에 오랫동안 노출되어 있던 로마인, 특히 남성들의 인체에 퍼진 납 성분은 불임증을 유발시켰고 따라서 로마 인구는 말기로 갈수록 인구수가 격감되었다는 또 다른 가설도 등장하고 있다.

한편, 납관이 인체에 유해한 영향을 미치지만 로마시대부터 지금까지 전 세계가 납관을 사용하여 왔는데 이로 인해 유독 로마만 멸망했다는 것에 대해 수긍하지 못하는 의견도 분분하다.

로마의 수로

– 로마 수로의 구조 : 수원에서 '수돗물'까지

글: 이탈리아 현지 문화 칼럼니스트 안광영

로마인들은 멀리 떨어진 수원지에서 도시로 물을 공급하기 위해 수많은 수로를 건설하여 목욕탕, 화장실, 분수 및 개인주택에 공급했다. 폐수는 복잡한 하수 시스템을 통해 제거되었으며 하향 경사를 따라 돌, 벽돌 또는 콘크리트 도관으로 배출되었다.

이들 중 대부분은 땅에 묻혀 그 길을 따라 시공되었는데 때로는 길을 막고 있는 봉우리를 우회하거나 터널을 뚫기도 했다. 수도관은 계곡이나 평야에서는 로마 건축의 특징인 아치형 구조로 만들어졌다. 대부분의 수로 시스템에는 공급을 조절하기 위한 침전조, 게이트 및 분배 탱크가 포함되어 있다.

BC 300년 전에 만들어진 최초의 수로인 로마 아피아 수로는 도시에 물을 공급해서 시민들이 분수를 즐길 수 있게 했고, 11개의 수로를 통해 제공되는 물은 100만 명이 넘는 로마인들이 사용할 수 있었다.

로마제국 전역의 도시와 지방에서는 이 모델을 활용하여 수로 시설 구축에 자금을 지원하게 되었다. 이로써 시민의 건강과 삶의 질을 높이는 한편, 로마 제국 시민들의 자부심을 고양시키는 계기가 되었다.

이렇듯 수로란 "모든 사람이 열망하고 있고 절대적으로 필요했던 비싸지만 꼭 필요한 사치품" 이었다.

지금도 그 위용을 과시하고 있는 로마 수도교

　　대부분의 로마 수로는 로마의 콜로세움으로 대변되는 로마 건축에 있어 절대 중요했던 로만 시멘트*와 방수처리 기술로 신뢰성이 높고 오래 유지되는 것이 입증되었으며, 일부는 근대 초기까지 지속되었고 그중 일부는 여전히 부분적으로 사용되고 있다. 수로의 유지 및 건설 방법은 비트루비우스(Vitruvius)의 저서 《De Architectura》(기원전 1세기)에 나와 있다. 수로 건축의 주목할 만한 예로는 로마 아피아 안티카의 수로와 스페인의 세고비아 수로의 지지 기둥과 수로로 공급되는 수조가 남아 있다.

---

* 　로만시멘트 : 로만시멘트는 그리스, 로마 시대부터 18세기 말까지 소석고, 소석회, 화산재 등을 원료로 수경성 결합체를 만들어 구조물에 사용했던 것에 기초하고 있다. 1796년 영국의 제임스 파커(James Parker)는 점토 불순물을 함유한 석회석 덩어리를 소성한 천연 수경성 시멘트(로만 시멘트)로 특허를 취득했다.

현재까지 수로의 보존이 가능했던 것은 무엇보다 수로가 지하에 묻혀 있던 덕분이었고, 물의 도착 지점도 지하에 있었기에 외부의 침입이나 오염으로부터 안전할 수 있었다. 이 수로들은 길이가 거의 19km에 달하는 구불구불한 길로 지나갔다. 종점은 원천지와의 고도 차이가 약 6m에 불과했고 그 수로는 도시의 기능에 따라 물 저장탱크로 운반되거나 지하 수도관로로 직접 들어가 공급되었다.

로마의 건축가 코르세티(Corsetti)는 물의 경로를 다음과 같이 설명하고 있다.

"지방의 수원지에서 공급되는 물은 지하에 있는 수로를 따라 이동한 후 방수 처리된 돌관을 통해 급격하게 구부러지거나 곧은 길을 따라 통과하게 됩니다. 물은 도시에 있는 종착지에 도착한 후, 귀족들이 거주하는 빌라에 공급되어, 고대의 화려한 나선형 계단을 통해 빌라 안에 있는 분수까지 도달 합니다. 물은 스페인광장 뒤의 산 세바스티아넬로 경사면 근처에서 프론티누스 시대보다 후기 시대에 지어진 연못으로 들어가게 됩니다. 거기서 다시 현재의 비아 두에 마첼리(Via Due Macelli)와 비아 델 나자레노 사이에 있는 핀초(Pincio)의 작은 웅덩이를 지나서 약 1km 정도 직진하여 트레비 분수를 통과하면서 판테온 옆의 셉타 줄리아(Saepta Julia) 근처에서 끝납니다."

한편, 고대 로마의 모든 수로와 건축 및 공학의 놀라운 작품 중에서 베르지네 수로(Vergine Aqueduct) ─현재 로마의 트레비 분수를 지나는 수로— 는 도시에서 여전히 사용하는 유일한 수로이다.

기원전 19년 아우구스투스가 개통한 이 수로는 대부분 약 20km에 달하는 지하 수로로 로마 외곽 지역에서 도시 중심부까지 물을 운반했다. 물은 비아 디 피에트랄라타(Via di Pietralata) 지역에서 출발하여 비아 나치오날레(Via Nazionale)를 건너 빌라 아다(Villa Ada), 파리올리(Parioli) 및 빌라 보르게세(Villa Borghese)를 지나 핀초에 도착하게 된다.

로마의 수로는 도시를 통과하는 빌라 메디치(Villa Medici) 아래에 있는데 수로의 시작은 고대 캄푸스 마르티우스(Campus Martius)를 건너 판테온 지역에 도달하여 아그리파의 공중목욕탕에도 물이 공급될 수 있었다.

한편, 현대 도시 아래 숨겨져 있는 일부 수로 유적지도 볼 수 있는데 바로 로마 리나센트 백화점(La Rinascente) 지하에서 발견된 고대 로마의 수로가 그것이다. 대형 백화점을 짓기 위한 작업 중에 발견된 대형 수로의 유적과 주변의 고대 도시는 지금은 세계인들의 관광명소가 될 정도로 인기가 높다. 고대 로마의 수로는 긴 세월이 지난 지금 발견되면서 그 놀라운 웅장함을 우리에게 보여주고 있다. 고대와 현대가 공존하는 리나센트 백화점 지하의 수로는 당시의 찬란했던 로마의 시대상을 짐작할 수 있게 하는 역사의 한 장면이기도 하다.

© Alexxant/Wikimedia Commons

리나센트 백화점에서 발견된 베르지네 수로 유적

    대형 백화점을 떠나 트레비 분수 방향으로 계속 이동한 후 같은 이름의 트레비 시네마(Trevi Cinema) 아래로 내려가 '비쿠스 카프라리우스(Vicus Caprarius) - 물의 도시' 고고학 유적지를 보면, 이 지하 지역에서는 실제로 베르지네 수로의 대형 분배탱크인 고대 카스텔룸 아쿠아의 구조와 제국 건물 단지의 구조를 볼 수 있다. 또한 고고학 지역의 작은 박물관을 방문하여 트레비 시네마의 개조 작업 중에 발견된 유물이 남아 있는 것을 볼 수 있다.

    로마 수로는 역사상 귀중한 물을 관리한 건축물의 사례일 뿐만 아니라 로마 문화의 우월성을 상징하는 것 중 하나이기도 하다. 사실, 이

것은 기원전 312년 이래로 로마 최초의 수로인 아쿠아 아피아(Aqua Ap-pia) 건설과 함께 도시를 방문하는 많은 방문객들에 의해 큰 놀라움으로 묘사된 건축 및 물의 역사를 보여 주는 작품이다. 실제로 로마 수로는 오늘날 인간에게 여전히 근본적인 요구사항 중 하나인 고품질 식수를 제공하기 위해 건설되었다. 사실, 로마 수로는 고대 건축물로서도 큰 관심을 끄는 작품일 뿐만 아니라, 서기 12년에 건설된 비르고 수도(Virgo Water)의 경우 특정 매개 변수를 통해 수원지에서 출구 지점까지 물의 품질과 순도에 대한 수질 모니터링의 역할을 담당했다는 점도 놓칠 수 없다. 오늘날 우리가 안전한 식수를 보장하기 위해 물의 수질을 모니터링하는 과정이 수천 년 전 로마시대에 존재했다는 점을 고려하면 흥미롭다.

로마 수로 건축에 대한 주요 증거는 비트루비우스의 《De Archi-tectura》에서 나온 반면 큐레이터 프론티누스의 보고서는 관리방법, 특성 및 경로, 이 작품의 역사를 재구성하는 데 유용한 정보를 보여 준다. 프론티누스의 보고서는 두 권으로 된 《로마상수도론》으로, 로마의 수도교의 상태에 대해 황제에게 올린 공식 보고서로 알려져 있다. 보고서에는 로마의 상수도에 대한 역사가 정리되어 있으며 사용법과 유지법에 대한 법률도 포함되어 있다. 또한 로마의 수도교 아홉 개에 관한 역사, 크기, 양수량에 대해서도 정리되어 있는데 강, 호수, 샘물 등 수원에 따라 좌우되는 각 수도교가 전달하는 수질도 묘사되어 있다.

로마 수로의 수원지 선택 방법

로마의 주요 수로의 수원은 거의 모두 로마 인근 언덕의 동쪽, 약 70m 높이에 위치하여 물이 도시를 향해 흐르도록 했다. 기울기 외에도 수원지 위치 선택은 특정 지역에 공급하기 위해 각 지역에 맞게 중요했다. 즉, 다음과 같아야 했다.

1. 맑고 순수해야 한다.
2. 주위에 오염물질이 없어야 한다.
3. 이끼와 갈대가 없어야 한다.

또한 잠재적 샘물을 섭취한 동물들을 임상 실험해서 일반적인 상태, 특히 건강 상태도 조사했다. 샘의 상태가 양호하다는 것이 확인되면, 그 물의 수질 매개변수가 분석되었다.

─분석 내용─

1. 맛
2. 온도
3. 잠재적인 의학적 특성이 있는 무기염의 함량
4. 부식 정도
5. 물의 비등
6. 물의 점도
7. 이물질의 존재
8. 비점

분석은 고품질 청동 용기에서 수행되었다. 또한 수로를 따라 다양한 통제 지점이 있었는데, 각 지점에서 어떤 식으로든 물의 오염 여부 확인을 위하여 분석작업이 진행되었다. 수로 통제 지점은 유지 관리를 위한 서비스 지점으로도 사용되었기 때문에 사람이 통과할 수 있을 만큼 충분히 넓었다.

로마 수로의 구조 : 수원에서 '수돗물'까지

그러면 로마 수로는 어떻게 건설되었으며 어떻게 작동되었을까?

로마 수로는 수원지에서 출구까지 로마시에 필요한 물을 공급하기 위해 매우 간단한 원리인 중력을 활용했다. 이것이 바로 경사면에서 발생하는 자연 중력을 활용할 수 있도록 언덕에 있는 샘을 선택한 이유이다. 구체적으로, 수로로 물을 가져오는 운하는 연속적인 섹션으로 나누어졌고 각 섹션의 높이는 다음 섹션보다 약간 높고 이전 섹션보다 낮았다.

물의 공급성향이 결정되면 수로가 건설되었다. 우선, 수원지의 물은 하나 이상의 저수지, 즉 진흙, 흙 및 기타 입자가 바닥에 가라앉을 수 있도록 흐름이 느려지는 탱크에 모이도록 만들어졌다.

첫 번째, 웅덩이에서 물은 땅을 파고 들어간 수로로 흘러 들어가거나 지하로 흘러 성벽 밖의 수집 지점에 모이게 되었다. 물이 움푹 파인 곳, 가파른 벽, 협곡을 발견하면 수로가 건설되었다.

둘째, 운하를 지하에 유지하면서 점프대를 건너거나 그 내부를 파는 다리나 육교 '역사이펀(Inverted Siphon)', 즉 수원지의 물을 중력을 이용하여 반대쪽으로 폭포가 솟아오르도록 하는 것이었다. 일반적으로 점프 직전에 물이 중력에 의해 하강하도록 하는 수집 탱크가 건설되었다. 종종, 점프의 최대 높이를 줄이고 반대편으로 올라가는 데 필요한 압력을 줄이기 위해 작은 가교 역할을 하는 육교가 건설되었다.

세 번째, 평야에 도착했을 때 도시 근처 집결지까지 수 킬로미터 동안 경사를 유지하기 위해 최대 30m 높이의 아치가 세워져 그 수교 다리를 통하여 도시 안으로 들어왔다.

로마의 황궁과 각 목욕탕, 분수, 각 빌라에 공급되는 관은 세라믹, 납주조, 시멘트 도관이 주로 사용되었다.

자료 참조: Vicus Caprarius(The Water City), 로마 고고학 박물관

2
[유럽 대륙]
영국

템스강의 물로 시작된
파이프라인 조직망

1582년, 급격한 인구 증가로 인해 도시에서는 대량으로 공급할 수 있는 수도시설이 필요했다. 이에 영국 런던에서는 템스강의 물을 끌어와서 도시민들에게 공급하기 위한 파이프라인 조직망이 구축되었다. 당시 템스강의 물은 깨끗하지 않았기에 로마의 수도처럼 깨끗한 수원지에서 물을 가져오는 방법이 논의되었다.

수도 건설에 있어서 로마와 런던의 차이점이라고 하면 로마는 정부 재정으로 수도가 건설된 것에 비해 런던에서는 1619년에 수도 전문 회사가 설립되었다는 것이었다.

산업혁명은 생산활동을 비약적으로 증대시켰으며 이에 따라 도시의 인구는 더욱 급격히 증가하였다. 공장이나 가정에서 배출되는 연기로 대기는 오염되고, 오수는 하천 오염을 가중시켰다. 영국에서 시작된 산업화의 물결과 이에 수반된 오염은 프랑스, 독일로 퍼져 나갔다. 따라서 유럽 전체가 심각한 환경문제에 직면하게 되었다. 이에 더하여 인도의 풍토병인 콜레라가 유럽에 전파되면서 큰 충격을 주게 되었다. 유럽에 확산된 콜레라의 대유행은 몇 차례에 걸쳐 유럽 전역에 큰 피해를 입혔다.

한편, 런던의 템스강은 18세기에 들어서 오염이 보고되기 시작하였다. 무엇보다 템스강으로 흘러 들어간 오수는 감조하천*인 템스강에 정체되어 악취를 발생시켰다. 1831년의 콜레라의 유행으로 하수 문제를 점검하는 계기가 되면서 1848년에 공중위생법이 만들어졌으나, 이후 다시 발생한 콜레라의 대유행이 런던을 휩쓸고 지나갔다.

콜레라와 상수도 시스템의 정비

1831년 영국을 휩쓴 전염병으로 무려 6천 명의 사망자가 발생하고 1854년까지 이어진 전염병으로 무려 3만 명에 달하는 희생자를 초래하는 최악의 사건이 일어났다.

---

* 감조하천: 밀물 때 하천과 바다가 만나는 경계선이 하천 상류 쪽으로 올라가는 하천

1840년대 영국 맨체스터 시민의 평균수명은 26세밖에 되지 않았다는 기록이 있는데 이유는 오염된 개울물로 인해 수인성 전염병이 널리 퍼졌기 때문이다. 바로 콜레라였다.

당시 학자들은 오염된 공기가 콜레라를 확산시킨 것이라고 생각했지만 연구 결과 원인은 오염된 물로 인한 전염병인 것으로 밝혀졌다. 이후 영국은 치수 관리의 중요성을 깨닫고 1870년대에 들어서 템스강을 이용한 상하수도 시설을 전격적으로 건설하기에 이른다. 19세기 영국을 공포로 몰아넣었던 대사건을 통해 유럽 전역에서 물 관리에 대한 인식을 새롭게 하는 전기가 마련되었던 것이다.

존 스노우(John Snow)

물과 콜레라의 상관관계를 연구한 존 스노우 박사

근대 역학의 아버지라고 불리는 존 스노우(John Snow) 박사는 물과 콜레라의 관계를 규명한 학자로 잘 알려져 있다. 그는 1854년 런던 소호에서 창궐했던 콜레라의 원인을 추적하는 데 공을 세웠다. 초기에는 '나쁜 공기'가 콜레라 및 장티푸스 등 전염병의 원인이 된다는 미아즈마 학설이 대두되었으나 존 스노우 박사는 식수원의 오염이 콜레라의 발병 원인임을 주장하였다.

이후 그의 주장이 입증되면서 런던의 물과 하폐수 처리에 일대 변혁이 일어났고 런던을 비롯한 대도시 상하수도 관리는 획기적인 변화를 맞이하는 계기가 되었다.

한편, 영국을 시작으로 전 세계적으로 공중보건학의 중요성이 인식되면서 공중보건학은 새로운 학문으로 자리 잡았다.

최초의 공공 저속 필터 설치

영국에서는 뉴리버컴퍼니가 1763년에 허프터드셔에서 이슬링턴까지 샘물을 가져오는 수로를 건설하여 런던시에 물을 공급하기 시작했다. 이후 18세기 후반에 인구가 증가함에 따라 런던은 더 많은 물을 필요로 했는데 이러한 요구에 부응하여 첼시수도회사와 같은 민간기업이 설립되었다.

그리고 그중 많은 기업이 템스강에서 물을 끌어오게 되었지만 당시 사람들은 도시 자체에서 멀리 떨어진 자연환경에서 끌어온 물은 마셔도 안전할 것이라고 믿었다. 그러나 점차 급속화되는 도시화와 인구 증가 및 산업화로 인해 많은 도시에서 비위생적인 환경이 조성되어 물 관련 질병이 자주 발생하면서 공중보건 위기가 초래되었다.

따라서 이러한 위기를 해결하기 위해서 여과를 통한 급수 시스템

개선의 필요성이 대두되었다. 1829년 스코틀랜드에서 최초의 실험용 모래 필터가 건설되었으며 이후 런던의 상수도에 최초의 공공 저속 필터가 설치되었다.

근대에 들어서면서 새로운 기술을 사용하는 새로운 상수도 시스템이 전 세계 도시에 설치되기에 이르렀고 대부분의 경우 이러한 시스템은 펌프로 강에서 물을 끌어와 물을 정화한 다음 주철 파이프를 통해 도시로 전달하는 과정을 거쳤다.

산업계 세계 7대 불가사의로 선정된
빅토리아 시대 하수도

영국에 등장한 최초의 하수도는 빅토리아 시대인 1860년에서 1865년 사이에 건설되었다. 각 하수구의 지름은 2.7m로 운송 밴(transit van)이 통과할 수 있을 만큼 큰 규모였다. 하수는 초당 최대 2만 리터의 물을 하수구를 통해 보내게 되며, 이는 올림픽 경기장 규격의 수영장을 채울 수 있는 거대한 규모이다.

2003년 영국 BBC 방송이 파나마 운하와 뉴욕 브루클린 다리, 미국 대륙횡단철도, 미국 후버댐, 영국 벨록 등대, 영국 증기선 그레이트이스턴호와 함께 '산업계의 7대 불가사의' 중 하나로 선정한 빅토리아 시대의 하수구는 150여 년이 지난 지금까지도 그 위용을 자랑하고 있다.

1800년대 런던은 외양은 화려했지만 후각적으로는 상당한 문제를 갖고 있었다. 바로 부실한 하수도 때문이었다. 당대의 최고 명성을 갖고 있던 공학자들의 추천으로 시 수도위원회의 책임 토목기사가 된 조셉 바잘제트(Joseph Bazalgette)가 문제 해결을 위하여 하수도 계획을 마련했다. 조셉 바잘제트는 약 2,000km에 달하는 하수도 시스템을 건설하였는데, 1859년부터 1875년까지 16년이 걸린 이 프로젝트에 당시로서는 선진적이었던 콘크리트 기법도 도입되었다.

조셉 바잘제트에 의해 계획된 런던의 하수도(출처: 워터저널)

그 당시 인구는 200만 명이었는데 사용 용량을 400만 명 기준으로 삼았다. 조셉 바잘제트는 "어차피 이런 건 한 번밖에 못 하는 일이다. 항상 예상치 못한 게 있을 수 있으니 파이프 직경을 두 배로 하자"고 주장했다. 결국 사람 키의 두 배 높이인 3.5m 터널이 건설됐고 그의 예상은 적중했다.

한편, 조셉 바잘제트는 템스강과 평행하게 복수의 하수도 간선을 부설하고, 런던 브리지의 하류 19km 지점에서 방류시키는 계획을 수립하였다. 이것이 현재의 런던 하수도의 기본인 템스강 차집관거(遮集

管渠) 계획이다. 이 공사는 1875년에 총연장 132km를 완성하였다. 이
와 동시에 하천오염방지법(The River Pollution Control Act)도 제정되었다.

그러나 그 후 인구 증가는 계속되어서, 미처리된 오수를 방류하는
종래의 하수도 시스템으로 템스강의 수질을 개선한다는 것은 불충분
하다는 것이 분명해졌다. 그러므로 오수와 우수를 분리하는 시공법의
도입으로 수질 개선을 서서히 진행시켜 나가게 되었다. 그러나 하수의
고도처리가 실시되기까지는 많은 세월이 필요했다.

3

[유럽 대륙]
프랑스

13세기 필립 오귀스트 왕이 만든
첫 하수도

파리 최초의 하수도는 1200년경 필립 오귀스트(Philippe Auguste) 왕 통치 당시 파리 거리를 포장하면서 만들었던 도랑이 처음이라고 알려져 있다. 그 후 1370년 몽마르트르 거리에 최초의 아치형 하수도를 건설했으며 하수도 망이 점차 늘어났지만, 1800년까지만 해도 55만 명의 주민을 위한 하수도망이 16km에 불과한 것으로 기록되어 있다.

중세시대까지 파리는 센강에서 식수를 채취하였고, 또한 하수를 그대로 방류하거나 비포장 도로에 버렸던 까닭에 도심의 도로는 진흙탕으로 질퍽질퍽하였다. 일설에 따르면 여자들의 하이힐은 비포장 도로를 걸을 때 옷이 젖지 않도록 발명되었다는 것이다.

1200년경 필립 오귀스트 왕은 파리 시내를 포장하면서 길에 배수를 위한 고랑을 설치하였고, 1370년경 샤를르 5세 때 파리의 사제관인 휴거 오브리오(Hughes Aubrietia)가 몽마르트르 거리에 벽돌로 된 궁륭* 형태의 최초의 복개 하수도를 설치하는 업적을 이루었다. 그러나 대부분의 하수는 노천에 방류되는 상황이었다고 알려져 있다.

1833년 신식 하수관망 설치

파리의 하수도는 19세기까지는 로마시대의 유산이 거의 대부분이었다. 그러나 콜레라의 유행은 파리에서도 하수도 건설의 계기가 되었다.

1806년부터 국립고등교량도로학교(École nationale des ponts et chaussées) 출신 기술자들이 파리 하수도 관리를 담당하게 되었다. 최초의 신식 하수관망은 1833년에 빗물과 거리 청소용 물을 수합하기 위해 만들어졌으며, 하수구를 통한 오수는 지하 망을 통해 배수되어 주변의 농작물을 비옥하게 만드는 용도로 들판으로 보내졌다.

이후 나폴레옹 3세에 의해 도시계획이 수립되어 이에 근거한 상하

---

* 궁륭 : 건축용어의 하나로, 돌이나 벽돌 또는 콘크리트의 아치로 둥그스름하게 만든 천장을 말한다.

수도가 계획되었다. 파리의 하수도는 당초 분뇨를 유입시키지 않도록 계획되었으나 그 후에 물 사용량의 증대나 수세식 변소의 보급에 의해 1880년 분뇨를 하수도에 유입시키기로 하였다.

세계적인 관광 명소로 주목받는
파리의 하수도

파리의 하수도망 계획은 1854년 오스만(Haussmann) 남작의 부름을 받은 국립고등교량도로학교 출신 엔지니어인 유진 벨그랑(Eugène Bel-grand)이 담당했다. 유진 벨그랑은 1867년 파리 상하수도국장이 되었으며 하수도 청소기계 등을 만들기도 했다. 그가 사망한 1878년 당시에는 파리 하수도망이 600km에 달하게 되었다.

파리의 하수도 견학은 파리 하수도박물관이 생기기 훨씬 전부터 유행으로 자리 잡았다. 특히 1867년 만국박람회 동안 파리의 신식 하수도 시설을 보여 주는 하수도 투어가 커다란 성공을 거두게 되었다. 1867년 보트 또는 수레를 이용한 파리 하수도 '산책'은 당시 파리에서 가장 인기 있는 투어 중 하나였다.

19세기 후반의 하수도 투어는 하수도 작업자들이 가이드를 담당했으며 부활절과 10월에 걸친 기간 동안 한 달에 두 번 수요일마다 열렸다. 하수도 투어 코스는 파리 도심의 샤틀레(Châtelet)에서 마들렌(Made-leine)까지 진행되었으며 총 1시간 정도 소요되었다. 먼저 여성들을 배에 태우고 남성들은 도보로 따라가다가 흰색 유니폼을 입은 하수도 작업자들이 밀어 주는 좌석이 있는 수레를 타고 관람했다. 관람객 수가 늘어나고 기술이 발전함에 따라 전동 수레를 이용했으며, 각 수레에는 100여 명의 관람객이 탑승할 수 있었다.

1913년부터는 각종 안내판을 설치하여 하수도 관람에 교육적 요소가 추가되기도 했다. 2차 대전 이후부터는 하수도 관람 코스의 출발점이 콩코드 광장 입구로 옮겨졌다.

1975년부터 수레를 통한 관람이 사라지게 되었으며 하수도 운영 현장의 중심인 알마(Alma) 공장에 하수도박물관이 설치되었다. 이때부터 방문객들은 하수도 담당 직원의 안내에 따라 500m가량의 코스를 도보로 관람하게 되었다. 1989년에 처음으로 리모델링을 마친 이 박물관의 방문객 수는 연간 10만 명에 달했으며, 그 후 두 번째 리모델링을 마친 후 2021년에 재개장했다. 한 가지 주목할 만한 내용은 하수도 박물관의 경우 알마 다리에 있는 주아브(Zouave) 석상의 발 부분까지 강물이 차오를 만큼 센강 수위가 상승되면 관람이 중단된다는 것이다.

4
[유럽 대륙]
독일

유네스코 세계문화유산에 등재된
아우크스부르크 물관리 시스템

독일에서는 영국을 따라서 함부르크의 하수도 계획이 처음으로 수립되었다. 19세기 후반에는 팻텐코파와 콧호 두 명의 의학자에 의해 주도적으로 진행되었는데 콜레라 등의 전염병 대책으로 수도와 하수도 중 어느 쪽에 중점을 둘 것인가에 대하여 토론을 벌인 결과, 독일에서는 상·하수도를 병행하여 진행시키기로 하였으며, 이에 따라 위생 환경도 향상되는 전환점을 이루게 되었다.

한편, 독일 바이에른주에 위치한 아우크스부르크는 약 2천여 년 전에 도나우강의 지류인 베르트아흐(Wertach) 강과 레흐(Lech) 강 사이에 세워진 유서 깊은 도시이다. 이곳에서 처음 도입된 '아우크스부르크 물관리 시스템(Water Management System of Augsburg)'은 13세기부터 여러 단계에 걸쳐 개발되었으며, 인간 삶의 필수 요소인 수자원을 모범적으로 다룬 탁월한 예로 꼽힌다. 특히 혁신적인 수공학(水工學, Hydraulic Engineering)을 적용하여 700년 이상 연속적인 단계로 발전을 거듭하여 모범적으로 수자원을 이용한 지속 가능한 물관리 시스템으로 꼽히고 있는데, 독창적이고 진보적이며 외적인 아름다움과 지속 가능성을 갖추고 있는 수자원 관리 시스템으로서 그 가치를 인정받아 2019년 유네스코 세계문화유산으로 지정되었다.

아우크스부르크 물관리 시스템은 식수의 원천이 되는 샘물과 공정용수로 사용되는 강물이 전체 시스템에 걸쳐 철저히 분리되도록 계획되어 있다. 또한 각각의 물이 흐르는 운하 시스템과 15세기에서 17세기에 만들어진 펌프가 있는 급수탑, 예술적 가치가 높은 분수들, 수력 발전소 등을 포함한 22개의 구성요소들이 시스템에 포함되어 있다.

도시의 번영을 이끈 수자원 관리

아우크스부르크는 약 2천 년 전에 베르트아흐 강과 레흐 강 사이에 세워진 도시이다. 로마인들은 이미 1세기 초반부터 두 강의 자연적인 낙차를 활용하였으며, 레흐 강에서부터 아우크스부르크 구시가지를 잇는 운하를 건설하여 물품을 운송하였다. 이곳의 수자원 관리 시스템이 공적인 문서에 처음 등장한 것은 1276년이었으며, 1200년대 후반에는 아우크스부르크 최초의 댐인 호흐압라스(Hochablass) 댐이 건설되었다. 아우크스부르크의 대부분의 운하들은 레흐 강물을 막고 있는 이 댐에서 시작되며, 오늘날 볼 수 있는 댐의 모습은 1912년에 보수된 것이다. '붉은 문의 급수시설(Wasserwerk am Roten Tor)'은 독일과 중부 유럽에서 가장 오랜 역사를 지닌 급수시설로 1416년부터 시민들에게 식수를 공급했다.

한편, 과거 아우크스부르크의 엔지니어들은 지대가 높은 곳에 자리 잡은 도시로 물을 보내기 위해 당시로서는 매우 진보적인 수력학 기술을 개발해 활용하였다. 이러한 기술은 16세기에 뮌헨, 브뤼셀, 빈 등 여러 도시로 전해졌다. 아우크스부르크는 오염된 물이 여러 질병의 원인이 된다는 사실이 의학적으로 밝혀지기 훨씬 이전인 1545년부터 식수와 공정용수를 분리하여 사용한 최초의 도시이기도 하다.

수 세기에 걸쳐 개발되고 발전된 수자원 관리 시스템은 아우크스부르크의 산업화에 중요한 영향을 미쳤다. 특히 터빈이 설치된 수력발전소로 인해 제지와 섬유 산업이 크게 발달하면서 부를 축적하고 도시가 번영할 수 있었다. 아우크스부르크의 수자원 관리 시스템은 오염되지 않은 깨끗한 물을 생산하고 사용하는 것이 도시를 지속적으로 성장시킬 수 있으며 중세 이후 아우크스부르크 번영의 기반이 될 수 있었다는 사실을 보여 준다는 점에서 큰 의미를 지닌다.

북미 대륙

5

[북미 대륙]
미국

통나무 속을 파서 만든
목관으로 출발

미국에서 제일 먼저 등장한 수도관은 1700년대 초기에 통나무의 속을 파내어 만든 목관이었다(한국 등 동양권에서는 목관과 함께 대나무관을 사용했다). 미국 건국 역사와 함께 시작된 목관 파이프는 매우 두꺼웠으며 실제로 일정 기간 동안 사용되었다.

미국에서 시공되었던 목관

　미국의 경우, 초기의 하수도에 대해서는 기록이 많지 않지만 1801년에 필라델피아에 설치된 하수도가 가장 오래된 것으로 알려져 있다. 1857년에 뉴욕의 브루클린은 애덤스(Adams)에 의해, 1858년에 시카고는 체스브로(Chesbrough)의 설계에 의해 하수도가 설치되었으며 1860년에 12개 주요 도시에 공공 하수도가 설치되었다.

　하수관은 초기에는 유럽과 같은 양식으로 빗물 배제를 위해서 만들어졌고 분뇨는 포함되지 않았지만 보스턴에서 1833년 이후 분뇨(하수도)를 접속하게 되었다.

필라델피아에서 처음 사용된 철제 파이프

목관이 처음 사용된 이후 목제 파이프는 철제 파이프로 발전하였으며 유럽에서 전파된 철제 파이프는 필라델피아에서 처음 사용되었다. 1804년부터 철 파이프가 생산되기 시작했지만 초기에는 목제와 철 파이프가 혼용되어 사용되다가 점차 목제에서 철로 전환되는 전기가 마련되었다.

1900년 미국 워싱턴주 시애틀 시더(Cedar) 강에 설치하고 있는 목제 수도관

남북전쟁을 거치면서 철제 가공기술은 다른 산업에도 적용되기 시작했다. 이후 철제 가공기술의 발달은 수도관의 발전에도 기여하게 되었는데, 총포가 개발되면서 부대산업이 비약적으로 성장하게 된 결과였다.

철 파이프의 경우 파이프와 파이프 사이의 연결은 납을 부어 체결하였으며 초기의 주철관은 땅에 틀을 만들어 놓고 그곳에 쇳물을 부어서 제작하는 방식이었다. 초기 철 파이프의 경우 두껍고 무게도 상당하여 시공이나 운반 과정에서 많은 어려움이 있었다.

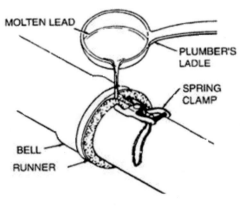

파이프 사이의 연결은 납을 부어 체결했다.

수돗물 오염에 따른 사회적 요구로 다양한 관종의 등장

미국은 1920~1990년대를 지나오면서 새로운 기술 개발을 통한 신제품 출시와 함께 수돗물 오염에 따른 사회적 요구로 인해 시기별로 주종을 이루는 관종이 변경되는 등 다양한 종류의 관종이 사용되고 있다.

1920년대에는 파이프가 매우 뜨거운 상태에서 틀에 넣어 회전시키면 파이프 내부의 공기가 빠져나가고 방향성이 생긴다는 것을 발견하게 되었다. 그리고 그 방향성은 주철관을 튼튼하고 더 얇게 만들 수 있게 해주었다. 한편 이 시기에 납을 이용한 파이프와 파이프의 접합에서 고무 링이 사용되기 시작하였다. 그러나 철제 파이프에는 문제가 있었다. 철제 파이프의 경우 산소 및 박테리아 등 수중의 여러 가지 원인으로 인하여 부식이 발생한다는 것이었다. 따라서 파이프가 더 얇아진다는 것이 반드시 좋은 것은 아니었다.

이 같은 점을 해결하기 위하여 파이프를 더 강하고 부식에 대한 저항력을 키우기 위한 여러 시도들이 진행되었는데 파이프 내부는 시멘트 모르타르로 코팅하고 외부는 아연 코팅 또는 아스팔트 코팅이 적용된 것이 바로 그것이다. 또한 폴리에틸렌 테이프로 파이프를 랩핑하였고 이온화경향이 높은 금속을 코팅하여 쇠의 부식을 느리게 하려는 시도가 진행되었다.

이것은 미국과 캐나다의 일부 토양에서 철제 파이프가 5년 내에 어느 정도까지 부식될 수 있는지에 대해 보여 주는 좋은 사례이다.

파이프 외부가 훼손되어 랩핑하는 모습

한편, 이 같은 문제는 관의 재질을 시멘트를 포함한 다른 소재로 방향을 바꾸는 계기가 되었고 최초의 시도는 금속관 내에 시멘트 라이닝이 적용된 것이었다. 수년 동안 미국은 프리스트레스 콘크리트*라고 불리는 콘크리트 파이프를 사용하였으며 근래에는 철근을 사용하여 강도를 강화시켰다.

이후 시멘트를 강화하기 위한 하나의 방법으로 석면이 혼합된 관 제품(Asbestos Cement Pipe, ACP)이 쓰이게 되었고 1960년대와 1970년대에 많이 사용되기에 이르렀다. 그러나 석면의 경우 치명적인 결점이 있었다. 석면이 공기 중에 배출되어 사람에게 매우 해로운 영향을 끼

---

* 프리스트레스 콘크리트(Prestressed Concrete): 철근 콘크리트 보에 일어나는 인장응력을 상쇄할 수 있도록 미리 압축 응력을 준 콘크리트

친다는 사실이었다. 사진은 실제 석면에 노출된
사람의 폐로, 석면 건축재는 매우 심각한 질병을
야기하였다. 석면 수도관에서 물에 석면이 배출
되어 인체에 유입되면 어떠한 영향을 미치는지
는 논란의 여지는 있지만, 갈수록 인체에 유해하
다는 결과가 나타나기 시작하면서 결국 1970년

실제 석면에 노출된
사람의 폐

대 들어서 퇴출되기에 이르렀다.

철제와는 다른 방식으로 콘크리트 시멘트관 역시 부식이 되면서
또 다른 문제를 일으키게 되는데 다음은 시멘트 부식으로 인하여 심하
게 함몰된 시멘트관의 사진이다. 사진을 보면 알 수 있듯이 미국의 대
형 수도관 파손 사고는 주로 프리스트레스 콘크리트관에서 발생하고
있다.

심하게 함몰된 시멘트관

또 다른 측면에서는 석면시멘트관의 문제가 발생하기 시작했다. 석면시멘트관은 작은 구경의 배수관에 많이 사용되었는데 미국에 설치된 수도관의 12%를 차지하고 있다. 하지만 향후 20년을 견디지 못할 것이며 이로 인한 심각한 인프라 문제를 겪고 있다.

석면시멘트관에 이어 발전한 것은 부식에 상대적으로 강한 PVC 파이프이다. PVC 파이프는 유럽에서부터 시작되어 매우 천천히 발전되어 왔으며 미국에는 1950년대 들어서 도입되었고 1970년대와 1980년대 상수관 시스템의 중요한 부분이 되었다.

또 다른 제품으로 폴리에틸렌 혹은 HDPE라고 불리는 파이프가 사용되고 있다. 이 파이프들은 대형 파이프로 사용이 되며 하천이나 고속도로 밑에 설치되고 장거리 라인에 주로 이용되는 제품이다. 그러나 이 파이프 역시 문제가 있는데 수충격(surge)에 의해 약해질 수 있다는 것이다. 플라스틱의 경우는 수충격을 흡수하며 이는 플라스틱 분자구조를 약하게 만드는 경향이 있는데, 이것으로 인해 형태가 변하는 문제점을 갖고 있다. 이런 문제의 해결을 위하여 상수도 혹은 하수도 관을 포설하는 과정에서 플라스틱 파이프의 아래에 부드러운 흙을 깔아두는 방식이 이용되었다. 또한 파이프가 관 상부의 토양과 차량이나 구조물 무게로 인하여 납작해지지 않도록 파이프 주위에 흙을 안정적으로 채우는 방식으로 시공이 진행된다.

앞에서 살펴본 바와 같이 수도관은 그 시대 문명의 발전과 기술력을 보여 주는 또 하나의 척도가 되고 있는 것이다.

시카고 만국박람회의 오염된 물이 탄생시킨
미국 인증제도의 시작

미국 수도관의 역사를 말할 때 빼놓을 수 없는 것은 바로 미국에서 시작된 '인증제도'의 역사라고 하겠다. 1932~1933년 미국 시카고에서 만국박람회가 열렸을 때 욕조와 대변기의 오염된 물이 역류돼 급수계통에 흘러들어 음용수를 오염시키는 일이 발생했다. 이 사건으로 98명이 죽고 1,409명의 환자가 발생했다. 당시 미국을 경악시킨 이 사건으로 상하수도 위생설비의 중요성을 인식하게 되면서 미국 국가 배관 법규(National Plumbing Code)를 만드는 계기가 되었다.

NSF International

미국의 국가 배관 법규가 만들어지고 나서, 상수도관은 미국 위생협회인 NSF (National Sanitation Foundation)의 인증 대상이 되었다. 이는 곧 미국에서 시작된 상하수도 위생설비 인증제도의 출발점이 되었다. NSF는 1944년 설립된 독립적인 비영리(non-for-profit) 단체, 비정부(non-government organization) 기관으로 전 세계 주요 기관 및 정부 기관과의 유대와 협력 관계를 맺고 전 세계 168개국, 수천 개 기관에 서비스를 제공하고 있다. 1990년대에 이르러 NSF의 국제적 활동 및 서비스를 고려하여 NSF International로 명칭을 변경하였고, 한국에는 2009년에 처음 법인이 설립되었다.

* NSF International은 국제적인 인증기관으로, 수도용 자재, 정수기, 식품기기, 건강식품을 비롯한 다양한 제품과 시스템을 검사, 심사, 인증한다. 물과 관련한 가장 권위 있는 인증으로서 세계보건기구가 음용수 및 정수기에 관한 시험기관으로 공식 지정한 협력센터이기도 하다.

인증제도는 제품이나 시스템을 일정한 표준기준 또는 기술규정 등에 적합한지 여부를 평가하여 안정성 및 신뢰성 등을 인증하는 절차 및 제도를 말한다. 이 같은 인증제도는 전 세계적으로 시행되고 있으며 각 나라에 제품을 수출할 때는 그 나라에서 정한 규격과 기술 등의 기준에 맞는 인증을 취득해야 함은 물론이다.

미국 국가표준협회(ANSI)와 세계보건기구(WHO)의 협력기관으로서 인정받는 NSF International의 인증마크를 제품에 표시한다는 건 제품의 보건·위생에 대해 공정하고 정확하게 제품의 품질검사를 함으로써 세계적으로 공인되었다는 걸 의미한다고 볼 수 있다. 미국 대다수의 주에서는 NSF 인증이 반드시 있어야만 수도용 자재로 채택하기 때문에 미국 판매를 위한 필수 인증으로 시장에서 그 공인성을 대변하고 있다.

NSF의 음용수 관련 제품·소재에 대한 대표적인 보건안전 기준인 NSF/ANSI 61은 1988년에 최초 제정되어 수원지에서부터 수전까지 음용수와 접촉하는 모든 제품에 적용되고, 상수도 및 가정 내 배관 제품이 먹는 물과 접촉할 경우 인체 유해물질이 기준을 만족하는지 평가하는 표준이다. 위생부문 검사의 경우 사용된 모든 소재의 위해성을 까다롭게 검증하게 된다. PVC관의 경우 NSF 위생검사 항목이 페놀, 니트로아민, 6가크롬 등을 포함한 190여 개에 달하는데, 이는 한국의 KC(위생안전기준)* 항목 30개와 대비하여 다양한 상황과 국가별 관리되

---

* 위생안전기준 인증(KC 인증) : 〈수도법〉 제14조 제1항에 따라 수도시설(취수·저수·도수 시

는 수돗물에 대한 기준을 모두 수용해야 하기 때문에 더 엄격한 기준으로써 관리되고 있다고 볼 수 있다.

〈NSF 용출시험 항목(PVC관류)〉

*총 192개 항목

NO	시험항목	NO	시험항목
1	Aluminum	21	Scan Control Complete
2	Arsenic	22	Pyridine
3	Barium	23	Nitrosodimethylamine (N-)
4	Beyilium	24	N-Nitrosomethylethylamine
5	Bismuth	25	5-Methyl-2-hexanone (MIAK)
6	Cadmium	26	1-Methoxy-2-propanol acetate
7	Chromium	27	2-Heptanone
8	Copper	28	Cyclohexanone
9	Mercury	29	Nitrosodiethylamine (N-)
10	Nickel	30	Isobutylisobutyrate
11	Lead	31	Aniline
12	Antimony	32	Phenol
13	Selenium	33	Di(chloroethyl) ether
14	Tin	34	2-Chlorophenol
15	Strontium	35	2,3-Benzofuran
16	Thallium	36	1,3-Dichlorobenzene
17	Zinc	37	1,4-Dichlorobenzene
18	Silver	38	3-Cyclohexene-1-carbonitrile
19	Hexadecanoic acid	39	2-Ethylhexanol
20	Octadecanoic acid	40	Benzyl alcohol

설은 제외) 중 물에 접촉하는 수도용 자재나 제품이 시행령 제24조 별표 1의 2에 맞는지에 대하여 인증을 받아야 하는 법적 의무 인증제도

NO	시험항목	NO	시험항목
41	1,2-Dichlorobenzene	70	2-Ethylhexyl glycidyl ether
42	bis(2-chloroisopropyl)ether	71	2,6-Di-t-butyl-4-methylphenol(BHT)
43	2-Methylphenol (o-Cresol)	72	Methylnaphthalene, 2-
44	N-Methylaniline	73	Cyclododecane
45	Acetophenone	74	2,4,5-Trichlorophenol
46	N-Nitrosodi-n-propylamine	75	2,4,6-trichlorophenol
47	N-Nitrosopyrrolidine	76	1(3H)-Isobenzofuranone
48	3-and4-Methylphenol(m&p-Cresol)	77	2-Chloronaphthalene
49	Hexachloroethane	78	2-Nitroaniline
50	2-phenyl-2propanol	79	1,1`-(1,3-phenylene)bis ethanone
51	N-Nitrosopiperidine	80	2,6-Di-tert-butylphenol
52	Nitrobenzene	81	Dimethylphthalate
53	2,6-Dimethylphenol	82	1,1`-(1,4-phenylene)bis ethanone
54	N-Vinylpyrrolidinone	83	Acenaphthylene
55	Triethylphosphate	84	Benzenedimethanol, a,a,a'a'-tetramethyl-1,3-
56	Isophorone	85	2,6-Dinitrotoluene
57	2-Nitrophenol	86	2,4-Dinitrotoluene
58	2,4-Dimethylphenol	87	Benzenedimethanol, a,a,a'a'-tetramethyl-1,4-
59	bis(2-Chloroethoxy)methane	88	2,4-Di-tert-butylphenol
60	2,4-Dichlorophenol	89	Dimethyl terephthalate
61	Trichlorobenzene(1,2,4-)	90	Acenaphthene
62	Naphthalene	91	Dibenzofuran
63	4-Chloroaniline	92	Ethyl-4-ethoxybenzoate
64	1,1,3,3,-Tetramethyl-2-Thiourea	93	4-Nitrophenol
65	Hexachlorobutadiene	94	Cyclododecanone
66	Benzothiazole	95	Diethyl Phthalate
67	N-Nitrosodi-n-butylamine	96	p-tert-Octylphenol
68	4-Chloro-3-methylphenol	97	Fluorene
69	p-tert-Butylphenol	98	4-Chlorophenylphenylether

NO	시험항목	NO	시험항목
99	3-Nitroaniline	130	Chloromethane
100	4-Nitroaniline	131	Vinyl Chloride
101	Nitrosodiphenylamine (N-)	132	Bromomethane
102	Azobenzene	133	Chloroethane
103	4-Bromophenylphenylether	134	Trichlorofluoromethane
104	Hexachlorobenzene	135	Trichlorotrifluoroethane
105	Pentachlorophenol	136	Methylene Chloride
106	Phenanthrene	137	1,1-Dichloroethylene
107	Anthracene	138	trans-1,2-Dichloroethylene
108	Diisobutyl phthalate	139	1,1-Dichloroethane
109	Dibutyl phthalate	140	2,2-Dichloropropane
110	Diphenyl sulfone	141	cis-1,2-Dichloroethylene
111	Hydroxymethylphenylbenzotriazole	142	Chloroform
112	Fluoranthene	143	Bromochloromethane
113	Pyrene	144	1,1,1-Trichloroethane
114	Butyl benzyl phthalate	145	1,1-Dichloropropene
115	Di(2-ethylhexyl)adipate	146	Carbon Tetrachloride
116	3,3-Dichlorobenzidine	147	1,2-Dichloroethane
117	Benzo(a)anthracene	148	Trichloroethylene
118	Di(2-ethylhexyl)phthalate	149	1,2-Dichloropropane
119	Chrysene	150	Bromodichloromethane
120	Di-n-octylphthalate	151	Dibromomethane
121	Benzo(b)fluoranthene	152	cis-1,3-Dichloropropene
122	Benzo(k)fluoranthene	153	trans-1,3-Dichloropropene
123	Benzo(a)Pyrene (PAH)	154	1,1,2-Trichloroethane
124	Dibenzo(a,h)anthracene	155	1,3-Dichloropropane
125	Indeno(1,2,3-cd)pyrene	156	Tetrachloroethylene
126	Benzo(g,h,i)perylene	157	Chlorodibromomethane
127	Ethylene glycol	158	Chlorobenzene
128	Vinyl acetate	159	1,1,1,2-Tetrachloroethane
129	Dichlorodifluoromethane	160	Bromoform

NO	시험항목	NO	시험항목
161	1,1,2,2-Tetrachloroethane	177	4-Chlorotoluene
162	1,2,3-Trichloropropane	178	1,3,5-Trimethylbenzene
163	Carbon Disulfide	179	tert-Butylbenzene
164	Methyl-tert-Butyl Ether (MTBE)	180	1,2,4-Trimethylbenzene
165	tert-Butyl ethyl ether	181	sec-Butylbenzene
166	Methyl Ethyl Ketone	182	p-Isopropyltoluene (Cymene)
167	Methyl Isobutyl Ketone	183	1,2,3-Trimethylbenzene
168	Toluene	184	n-Butylbenzene
169	Ethyl Benzene	185	1,2,4-Trichlorobenzene
170	m+p-Xylenes	186	1,2,3-Trichlorobenzene
171	o-Xylene	187	Benzene
172	Styrene	188	Total Trihalomethanes
173	Isopropylbenzene (Cumene)	189	Total Xylenes
174	n-Propylbenzene	190	Residual Vinyl Chloride
175	Bromobenzene	191	Residual Vinyl Chloride P/F
176	2-Chlorotoluene	192	Lead content verification

〈KC 위생안전기준 용출시험 항목(PVC관류)〉

NO	시험항목	NO	시험항목
1	카드뮴	8	페놀류
2	셀레늄	9	과망간산칼륨소비량
3	납	10	맛
4	비소	11	냄새
5	6가크로뮴	12	색도
6	니켈	13	탁도
7	구리	14	포름알데히드
		15-30	휘발성 유기화합물(16종)

NSF 인증은 받는 것뿐만 아니라 인증 후에도 지속적으로 관리하고 유지해야 하는 것이 더 어려운 국제적인 인증이다. 품목에 따라 매년 1~4회 사전 연락 없이 불시에 공장을 방문하여 전체 공정에 대한 시스템 심사를 진행하고, 승인된 원·부재료를 사용하고 있는지, 제품 수·불 점검을 통해 원·부자재 사용량과 일치하는지 등 원·부재료의 입고부터 완제품의 출고와 출고 이후 A/S에 이르기까지의 전 공정을 확인하고 있다. 또한 생산제품을 무작위로 채취하여 미국의 본사에서 1년 내내 품질을 점검하고 표준에 위배될 경우 인증을 취소하고 있다. NSF 인증 제품이 세계적으로 신뢰받는 이유는 이렇듯 철저한 인증제도의 운영에서 비롯되었다고 볼 수 있다.

최근 국내 인증기관은 국제 컨퍼런스 개최 및 참석, 해외 물 관련 기관(NSF 등)과의 교류 확대 등 더 나은 인증제도 운영 및 기관의 국제 신인도 향상을 위한 활동이 뉴스를 통해 확인되고 있다. 우리나라도 글로벌 인증기관의 제도 운영과 같이 시험항목의 수를 늘리고 매년 불시점검 등을 진행하여 생산업체의 생산 및 품질 관리 시스템의 질적 향상을 통해 국제 경쟁력을 갖추는 것도 고려되어야 한다.

미국을 발칵 뒤집어 놓은 플린트시 수도관 납 중독

2014년 미국 미시간주 플린트시에서 납 중독으로 인해 10만 명이 넘는 피해자가 발생한 환경재난 사건이 발생하였다. 사건의 발단은 플린트시의 재정 악화로 시작되었다.

미국 미시간주는 자동차 공업의 메카였으나 미국 자동차 산업이 침체를 겪고 GM사가 공장을 폐쇄하자 주 전체가 급격한 경제 악화로 빠져들어 갔다. 이에 플린트시에서는 방만한 재정을 관리하겠다고 긴축정책을 펼치게 되었는데 그중 하나가 바로 상수도시설이었다. 원래 플린트시는 디트로이트시와 30년 계약을 맺고 디트로이트시가 휴런호수에서 취수한 상수도를 사용해 왔는데 디트로이트에서 수도 사용료를 올리자 플린트시는 적잖은 타격을 입게 되었다. 결국 플린트시는 비싼 사용료를 내는 대신 직접 휴런호에 파이프를 연결하여 자체 취수를 하기로 했던 것이다.

그런데 문제는 다시 이어졌다. 플린트시에서 휴런호에서 자체적으로 물을 취수하겠다고 선언하자 디트로이트시는 30년 계약 이후 투자한 돈을 요구하고 향후 1년 동안 물을 공급하겠다고 나선 것이었다. 결국 재정적으로 문제가 생긴 플린트시에서는 파이프가 완공되기까지 걸리는 몇 년간만 임시 정수장을 만들어서 플린트강에서 물을 끌어다가 쓰는 것으로 결정하고 물 공급을 시작하게 되었다.

그런데 문제는 플린트강의 오염이었다. 플린트강은 상수원으로 사용하기에 적합하지 않았다는 점이다. 2014년 4월 플린트시가 디트로이트에서 플린트강으로 상수원을 전환하자 바로 문제가 터졌다. 물에서 악취가 나고 물이 변색되었으며 집단 레지오넬라균 중독 사태까지 벌어졌다. 대학과 병원과 공장에서 기기가 부식되고 고장나는 위기가 초래되었다. 플린트강의 경우 수질 문제도 있었지만 산성도가 높아서 상수원으로 쓰기에는 적합하지 않았던 것이다.

결국 미시간주 플린트시의 재정 악화와 공무원들의 방만한 늑장 대응 그리고 안이한 사태 방관이라는 복합적인 요소로 인해서 플린트시 주민들은 오염된 물을 마셔야 했고 마침내 2015년 12월 15일 플린트시는 비상사태를 선포하게 되었다. 이후 다음 해인 2016년 1월에는 미시간주 전체로 비상사태가 확대되었는데 아이들 3천 명이 납 중독 판정을 받았던 것이다. 게다가 납 중독으로 의심되는 환자만 10만이 넘었고 그중 영유아는 6천 명~1만 2천 명에 달했다.

비상사태 후에도 상황은 달라지지 않았다. 문제는 오래된 상수도관 중에 각 가정으로 들어가는 서비스 라인은 납 수도관을 사용했는데, 이것을 바꾸자니 비싸고 놔두자니 문제가 되기 때문에 납 중독을 피하고자 상수도관 내부를 부식방지제로 코팅했던 것이다. 그러나 산성 물이 통과하며 코팅이 벗겨지면서 철 상수도관에서는 녹물이, 납 상수도관에서는 납이 용출되기 시작하였고, 물을 살균하겠다고 염소 등을 추가로 첨가하면서 부식 속도가 빨라졌던 것이다.

플린트시의 납 중독 사건으로 수만 명이 피해를 입었고 그 후유증은 지금까지 남아 있다. 안전하고 건강한 물이 인간의 생명과 건강에 얼마나 큰 영향을 주는지 알 수 있었던 이 사건으로 인해 미국 전역이 발칵 뒤집혔음은 물론 후에 정권이 교체되는 하나의 빌미를 제공했다는 평가도 나올 만큼 미시간 플린트시 상수도관 사건은 미국 사회에 커다란 경종을 울리는 계기가 되었다.

6

[북미 대륙]
캐나다

석유 운반을 위한 파이프라인으로 시작

캐나다의 파이프라인은 에너지 운송을 위한 것이 그 출발점으로, 1862년 석유 운반을 위한 에너지 파이프라인으로 본격 시작되었다. 이후 캐나다에 인구가 정착되면서 수도관도 본격적으로 등장하게 되었다.

석면시멘트 수도관 논쟁

그런데 캐나다에서는 수십 년 전에 매설된 석면시멘트 수도관이 캐나다 전역에 여전히 이용되고 있다. 캐나다 CTV 뉴스의 보도(2023년 3월 30일 자)에 따르면 밴쿠버, 빅토리아를 포함한 BC주, 그리고 전국에서 70년대와 80년대에 매설한 석면시멘트 수도관이 존재하고 있음이 확인됐다.

문제는 노후된 석면 수도관을 통해 가정에서 사용되는 물에서 석면이 검출되고 있지만 캐나다에서는 물에 함유된 석면과 관련한 규제가 없다는 것이다.

석면은 공기 중에 미세한 섬유 모양의 입자로 존재하며, 인체의 호흡기로 들어가면 폐섬유증, 폐암 등 심각한 건강 문제를 유발할 수 있어 거의 모든 국가들이 사용을 금지하고 있는 것이다. 다만 물이나 음식 등을 통해 섭취되는 석면에 대한 유해성은 여전히 뜨거운 논쟁거리이다. 그러나 캐나다 정부에서는 석면을 마시거나 섭취하는 것이 해롭다는 일관된 과학적 증거가 없으므로 규제 필요성이 없다며 손을 놓고 있는 실정이다.

하지만 이러한 석면을 입을 통해 섭취하는 것이 위암과 다른 위장 관련 암의 위험을 높일 수 있다는 연구결과가 늘어나고 있다. 이탈리아 의사이자 연구원인 아고스티노 디 치아울라는 석면이 함유된 식수와 위장암의 연관성을 시사하는 논문을 발표한 바 있다. 그는 논문에서 "우리가 마시는 물에서 석면이 검출돼서는 안 된다. 석면이 포함된 수도관은 가능한 한 빨리 교체해야 한다"고 지적했다.

한편, 캐나다에서는 하수 배관에는 주로 동 파이프를 사용하다가 최근 들어 ABS 파이프나 PVC 파이프를 사용하는데, 지상 건축물에 설치되는 하수 배관에는 ABS 파이프를, 땅속에 묻는 부분에는 PVC 파이프가 시공되고 있다.

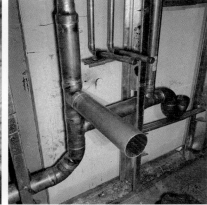

캐나다 동 파이프 배관

밴쿠버의 콘도(다세대주택) 1층 천장에 PVC로 시공된 공용 하수배관

아시아 대륙

7

[아시아 대륙]
중국

동주왕조 시대 지하 파이프

중국에서는 동주왕조(BC770~256) 시대에 건설된 지금의 산시성 윈청시(運城市) 부근에 있던 도시에서 지하 파이프라인이 장착된 급수 시스템이 발견됐다. 점토로 만들어진 파이프라인은 외부에서 도시로 물을 옮겼으며 로마 수로보다 앞섰던 것으로 조사되었다.

한 왕조의 수도인 장안(長安)은 쿤밍 저수지에서 수로를 통해 도시로 물을 운반하는 급수 시스템을 갖추고 있었는데 베이징은 삼국시대 (AD220~280) 이후에 급수 시스템을 구현했다. 특이한 점은 일반적으로 이러한 고대 급수 시스템에는 물이 오염되지 않았기 때문에 처리시설역시 없었다는 점이다.

오늘날까지 건재한 두장옌

한편 두장옌(都江堰)은 기원전 256년에 만들어진 고대 건축으로 수리 관개 시스템이다. 쓰촨성 청두시 서쪽에 있으며 민강 상류에 있다.

민강 근처에 살았던 사람들은 매년 홍수에 시달리고 있었다. 진나라의 관리 이빙의 조사를 통해 근처의 산에서 겨우내 눈 녹은 물이 급류로 유입되어, 유량이 넘쳐 물살이 완만한 곳에 이르면 둑을 터뜨린다는 것을 알게 되었다. 가장 확실한 방법은 댐을 건설하는 것이지만, 이빙은 병력을 수송할 수 있는 수로를 막을 수는 없었다. 해결하기 위한 대안으로 산에서 유입되는 물길을 다른 곳으로 터 주고, 강물의 유량을 일정하게 유지시키는 인공 관개수로를 고안하게 되었고, 건조한 청두 평원에 물을 대는 관개수로를 발명하게 되었다.

두장옌은 진나라에 의해 전쟁이 벌어지던 당시에 건축되었는데, 놀랍게도 이것은 오늘날에도 사용되고 있으며 이 지역의 5,300km^{2}의 토지에 관개용수를 공급하고 있다.

이빙의 관개사업이 마무리되자 강은 더 이상 범람하지 않았다. 이빙이 만든 관개수로는 연중 내내 농사를 지을 수 있는 온화하고 다습한 쓰촨성의 기후와 함께 쓰촨성을 중국에서도 가장 풍요로운 농경지대로 탈바꿈시켰다. 이빙의 공사는 우임금처럼 강이 범람하는 자연재해를 다스리고, 익주의 주민들에게 풍요로운 수확과 여가를 가져다주었기에 쓰촨성에서 신에 준하는 사랑을 받았다. 사람들은 두장옌의 동쪽에 사당을 지어 이빙을 추모하고 있다.

두장옌은 오늘날에도 본래의 기능을 다하고 있으며 주민들에게 깨끗한 물을 공급하고 있어 주요 관광지이자 독창적인 작업을 나타내는 과학적 연구 대상이다. 특이 사항은 큰 둑을 둘러 물을 막는 현 시대의 댐과는 달리 물길을 더 파내어 산에서 내려온 물이 자연스럽게 흘러가게 하면서도 급류의 생성을 방지하여 물을 저장하는 기능을 지니고 있다는 점이다. 두장옌은 역사성과 과학적 기술을 인정받아 2000년에 세계문화유산으로 지정되었다.

역사성과 과학적 기술을 인정받아 2000년에 세계문화유산으로 지정된 두장옌

마을 주민의 힘으로 만든
정교한 도자기 수로

고대 마을 주민들이 만든 정교한 수로가 중국에서 발견되어 놀라움을 안겨 주었다. 중앙정부의 도움 없이 이룬 공학적 성취라고 평가되는 면에서 학자들의 주목을 받고 있다. 발굴된 도자기 수로관은 기원전 2600~2000년 중국 용산시대 유물로 추정되는데, 지금까지 찾아낸 배관시설 중 가장 오래된 물건으로 조사되었고, 연구결과는 〈네이처 워터 저널(Nature Water Journal)〉에서 공개되었다(2023년 8월 14일). 세라믹으로 구성된 배수로는 중국 중부 저우커우시 화이양에 존재했던 고대 성벽도시 핑량타이(平粮台)에서 발견되었는데, 신석기시대 약 500명이 활동했던 공간으로 밝혀졌다.

이곳에서 보호벽과 해자를 찾아볼 수 있는데 상화강 평원에 자리 잡고 있어 기후에 영향을 받았다. 4천 년 전 날씨는 계절에 따라 큰 변화를 보였는데 여름에 강수량이 매달 400mm 이상을 기록할 때도 있었다. 이에 따라 주민들은 수재에 대처해야 했고 2단계로 구성된 수로 건설이 한 방법이었다. 핑량타이에서는 배수로가 주택가와 평행하게 이어져 있는데 주거지역에 흐르는 물이 세라믹 배관을 타고 나가는 설계로 주변 해자로 옮겨지면서 마을에서 멀어지는 구조이다.

연구진은 지역사회가 서로 협력해 배관 설비를 구축하고 유지했다고 판단하고 있다. 논문의 공동저자인 고고학자 이지에 장 유니버시티 칼리지 런던 교수는 "핑량타이 사람들이 석기시대 도구와 중앙

권력 조직 없이도 물관리 시스템을 생성하고 운영할 수 있는 수준이었다." "집단 차원에서 이루어지는 상당한 수준의 계획과 조정이 필요했을 것이며 작업은 공동으로 시행했던 것으로 추측된다"고 밝혔다. 배관시설은 빗물이 타고 흐르는 벽면과 도로 속 수로를 연결해 제작되었으며 연구진은 고대인들이 높은 수준의 운영기술을 지녔다고 판단했다. 그런데도 핑량타이 정착촌에서 사회가 계층화된 증거가 거의 발견되지 않았다. 보통 고대사회에서는 계급화된 거대 조직이 발달한 기술력을 보여 준다고 알려졌기 때문에 이는 주목할 만한 부분이다. 마을 안 집들은 균일한 크기로 불평등한 흔적도 없었으며 공동묘지에서도 사회계급을 나타내는 차이가 보이지 않았다. 핑량타이에서 나타난 복잡성은 고대사회에 대한 새로운 관점을 보여 주는데, 지금까지 연구된 다른 수자원 시스템은 거대한 조직력이 만들어 냈고 중앙집권적인 권력이 사회기반시설 운영에 필수적이라고 여겨졌던 것이다. 그러나 핑량타이 같은 상대적으로 작은 사회가 건설한 수로는 항상 그렇지 않다는 점이 주목된다. 논문의 공동저자인 하이장 베이징대학교 고고학자는 "핑량타이는 특별한 유적지다"라면서 "수로관 네트워크는 과거 학계가 위계적인 사회에서만 찾아볼 수 있다고 생각한 공학과 수문학에 대한 이해를 보여 준다"고 설명하고 있다.

한편, 도자기 수로관도 당시 첨단기술로 평가할 수 있으며 각 수로관 직경은 약 7.8~11.8인치(19.8~30cm), 길이는 약 11.8~15.7인치(30~39.9cm)로 여러 관을 서로 끼워 넣어 긴 통로로 만들어졌다.

중국 여러 지역에서 발견된
하수도 유적들

중국의 하수도 역사를 보여 주는 고고학적 유물은 4천 년 전으로 거슬러 올라간다. 황허강 유역에서 형성되기 시작한 당시 도시들은 거주지의 하수, 특히 궁성의 하수를 배출하기 위한 시설이 필요하게 되었다.

허난성의 고도인 핑량타이에서 발견된 당시의 하수시설에서 주목할 만한 것은 도로 아래에 배수를 위한 토관을 설치하는 등 도시 배수시설에 토기를 사용했다는 것이다. 그 후 BC 15~10세기에 이르러 황허강 유역에 많은 도시들이 들어서면서 도시 하수도가 발달되었다.

지금의 허난성(河南省) 옌시(偃師)에서 발굴된 유적에서 체계적으로 잘 만들어진 하수도 시스템을 확인할 수 있다. 궁성 안에는 우수와 오수를 배제하기 위한 여러 갈래의 배수시설이 남아 있고, 궁성의 동문에서부터 설치된 800m 길이의 지하 배수시설은 폭 1.3m, 높이 1.4m 크기이며 호수와 연결되어 있다.

또한 춘추시대 제나라의 수도였던 산둥성 린쯔(臨淄)에는 매우 발달된 수준 높은 당시 하수도를 보여 주는 유적이 남아 있다. 당시 15km²의 면적에 30만 인구가 살았던 린쯔에는 급수 및 배수를 위한 복합 시스템이 축조되어 있었던 것으로 확인되며, 지금까지 알려진 고대 중국의 하수도 시설로는 가장 규모가 큰 것이다.

그리고 기원전 221년 중국을 통일한 진 제국의 수도인 셴양(咸陽)에는 토관을 사용한 배수시설이 만들어졌는데, 발굴된 궁성 유적에는 네 개의 웅덩이와 여기에 연결된 배수시설이 남아 있다. 궁성의 우수와 오수를 모아 개거식 배수로를 통해 웅덩이로 흘려보내고 이들은 다시 관로를 통해 강으로 배출하도록 한 것이다.

한 왕조 수도인 장안은 907년까지 15개 왕조의 수도로 유지되면서 35km² 면적에 50만 명이 거주하는 큰 도시로 발전했는데 간선도로를 따라 만든 배수로와 여기에 연결된 궁성 및 주거지의 지하 배수시설이 잘 갖추어져 있다. 주목할 만한 것은 당시 하수도 축조에 사용된 벽돌의 크기와 강도로, 뛰어난 기술로 만들어진 벽돌 배수로와 토관이 천 년 이상이 지난 최근에도 발굴되고 있는데 그 폭이 2m에 이른다. 후대에 매우 큰 영향을 끼친 이 시대의 배수로는 각 가정집과 마을, 그리고 도로변의 간선 하수관로로 연결되고, 이 간선 하수관로는 다시 강으로 이어져 있다.

당·송 시대에 만들어진 하수 유적도 많이 발굴되고 있는데, 송나라 때는 우수 및 오수를 배수하기 위한 돔 형태의 암거식 벽돌 하수도와 도로 양측 또는 도로 내부를 따라 벽돌과 판석으로 축조하는 하수도의 두 가지 형태가 일반적이었다. 이들 하수도 시설은 1950년대까지도 여러 도시에서 이용되었다.

8
[아시아 대륙]
일본

무사시노의 물 부족을 해결해 준
마이마이즈 우물(マイマイズ井戸)

과거에는 물이 부족한 도쿄도 무사시노(武蔵野) 지역에서 물을 얻기 위한 방법으로 절구형 우물을 사용했다. 절구형 우물을 파게 된 것은 좁은 구멍으로 깊이 파지 못하였기 때문이었다.

'마이마이'라는 단어는 달팽이를 의미하는데 물을 운반하기 위한 길이 달팽이를 닮았다고 해서 붙여진 이름이다. 고다이라 시내에는 브리지스톤 공장과 쓰다주쿠 대학 동쪽의 가마쿠라 가도변에 있다고 알려져 있다.

에도시대에 우물 파기를 할 당시 1200년대에서 1500년대 사이의 비석이 출토된 것으로 알려져 있어 상당히 오래전부터 사용되어 왔다는 것을 알 수 있다.

도쿄도 무사시노 지역의 마이마이즈 우물

정확한 시기는 명확하지 않지만 일본 최초의 수도는 오다와라 하야카와 상수로 알려져 있다. 기록에 의하면 호조 우지야스(1515~1571)에 의해 소다하라 성 아래로 물을 끌어들이기 위해 축조된 것으로, 주로 음용을 목적으로 하였고 나무관으로 운송되어 숯이나 모래로 여과하여 사용한 것으로 추측되고 있다.

1590년 도쿠가와 이에야스의 명령에 따라 고이시카와 급수 시스템이 설치되었고 점차 에도시까지 그 지역이 확장되었다.

에도시대 상수도

에도시대에도 현대와 마찬가지로 상수도를 설치하였다. 구조는 수원에서 물을 끌어 가정이나 저택 안으로 공급하는 형식이었는데, 지금처럼 온 가정에 공급하는 것은 불가능했고 우물을 파서 물을 얻을 수 있는 곳이 아니라 지하수가 더러워져 있거나 바다 옆에서 소금물이 섞이는 곳에 상수도를 설치하는 형태로 설계되었다. 펌프와 같은 동력원이 없었으므로 높낮이 차이를 이용한 자연 유하를 기본으로 하였고 도관도 나무나 돌 등 친숙한 재료를 이용하여 설치되었다.

에도시대에 가장 규모가 큰 상수도는 에도의 상수로 주로 다마가와 상수와 간다 상수, 이 두 계통이 현재 도쿄 도심부에 식수를 공급하는 구조였다. 에도시대의 수도관은 나무로 만든 물받이 '목통'이 일반적이었다. 에도시대 당시 일본의 수도인 에도에서는 인구가 100만이나 살고 있었는데, 인구 100만의 도시를 우물로만 유지하는 것은 불가능했기에 막부가 주도해서 상수도 시설이 발전할 수 있었다.

당시 상수도는 거미줄같이 묻혀 나무로 된 관을 통해 깨끗한 물이 공급되었다. 상수도는 하천의 상류에서 취수된 물이었다. 취수구에서 얼마 동안 노천 수로를 경유한 물은 땅속에 매설된 석통 또는 목통으로 연결되었고, 노천 부분에는 군데군데 '물 초소'를 설치하여 인근의 주민이 방뇨하거나 생활폐수가 유입되지 않도록 엄격한 관리와 감시가 진행되는 구조였다.

한편, 상수도는 공용이어서 서민들에게는 수도요금이 부과되었는데, 특이한 점은 수도요금이 도로에 면한 건물의 폭에 비례하여 결정되었다는 점이다. 즉 길에 면한 나무문의 폭에 비례해서 계산되었는데 한 채 전체의 연간 수도요금은 헤이세이 시대 화폐 가치로 환산하여 400엔 정도로 매우 저렴한 수준이었다.

이러한 상수도 전체 길이는 간선 부분만 수백 킬로미터에 이르렀고 지선 부분을 포함하면 에도시대 초기에 이미 세계적 수준의 상수도 설비를 갖추었다고 볼 수 있다. 그러나 중국이나 로마와는 달리 재질이 목재여서 유지보수 비용은 상당했고 쉽지 않은 작업이었다고 알려져 있다.

에도 상수와 간다 수도 모두 중심적인 수도관은 나무통으로, 가고시마에서는 돌을 도려낸 석관을, 효고의 아코에서는 비젠야키 도자기를 이용한 사례도 발견되고 있다.

간다 상수와 다마가와 상수

에도시대 초기에는 전국에 성곽마을이 건설되었고, 도시화로 인해 식수와 농업용수의 안정적인 공급이 필요했기 때문에 물 공급이 활발하게 이루어졌다.

처음으로 연못의 샘과 샘물에서 공급되었다고 전해지는 에도의 땅에서 가장 먼저 열린 것은 '간다 조스이(上水)'로 알려졌는데 덴쇼와 가네이 시대에 설립되었다는 다양한 설이 있다. 이노카시라 연못을 근원으로 시작된 간다 조스이는 수원에서 고이시카와의 세키구치(현 분쿄구 세키구치)로 흘러가면서 무사시노의 샘물(젠푸쿠지 연못, 묘쇼지 연못 등)을 합치고, 세키구치의 오아라이 둑으로 나뉜 물은 미토번

가미야시키(현재의 고라쿠 1초메와 분쿄구 가스가 1초메)를 거쳐 간다강으로 돌 홈통을 통과하고, 강을 가로지르는 현수로를 통해 간다강을 건넌 후, 지하에 묻힌 암거에 물을 공급하는 과정을 거쳐서 진행되었다.

또한 1654년 완공된 에도에서 가장 큰 상수도였던 다마가와 상수는 다마군 하무라의 둑에서 다마가와의 물을 끌어들여 42.7km를 오키도 요쓰야(현재의 신주쿠구 요쓰야)까지 개방된 도랑을 통해 공급하고, 시내에 들어간 후 암거를 통해 물을 공급받는 경로였다. 물은 에도성을 포함하여 도시의 남서부(요쓰야, 고지마치, 아카사카, 시바, 교바시, 쓰키지, 핫초보리 등)에 도달하게 되는 자연스러운 흐름이었다.

에도시대 배수로 배관도(간다 조스이의 분포 경로를 나타내는 다이어그램)를 기반으로 한 물 분배 경로를 분석한 결과, 매장 마스 북쪽의 나무 홈통을 통해 매장 마스(북쪽 스루가 정방향의 물)에 깨끗한 물이 공급되었고, 동쪽의 나무 홈통(에도바시 방향의 물)과 남쪽의 나무 홈통(니혼바시 어시장의 물)에 물이 분배되었다. 도시 지역에서 에도의 물 공급은 묻힌 홈통과 노를 결합하여 형성되었는데, 에도 사람들이 자랑스러워하는 물 공급은 이렇게 우수한 공학적인 물 배급 기술로 운송되었다.

에도는 1590년(덴쇼 18)에 도쿠가와 이에야스가 입부하고 1603년(게이초 8)에 막부를 열어 인프라를 갖추었는데, 상수시설도 그 일환으로 정비되었다. 특히 에도성 동쪽은 저지대가 많아 물을 얻기 불편했기 때문에 비교적 이른 단계에 상수가 설치되었다. 《도쿄시 사고》 상수편 제1권 '쇼토쿠 시대 말기의 상수도'를 보면, 서쪽(왼쪽)에서 동쪽(오른쪽)으로 향하는 파란색으로 그려져 있는 흐름이 다마가와 상수이고 가운

데에서 동쪽(오른쪽)으로 향하는 붉은 흐름이 간다 상수로, 에도시의 식수로서 이용되고 있었다.

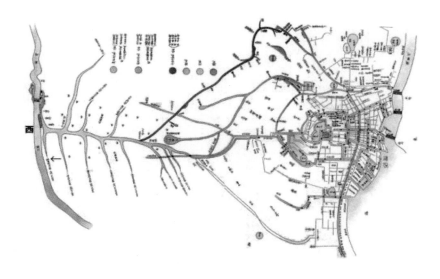

쇼토쿠 시대 말기의 상수도 (출처 : 도쿄도 공문서관)

교외로부터 수로로 끌어올린 물은 시가지 앞에 수문을 마련하여 암거(지하)화를 통해 배수가 진행되었다. 수량이 많은 곳에서는 돌관이, 수량이 적어지면 나무관이나 대나무관 등으로 수도관이 사용되었다. 또 관로의 요소에 방향전환 및 유지보수를 위한 오수받이(마스)가 설치되기도 했다. 물은 '상수 우물'이라고 불리는 우물에서 사람들이 두레박 등으로 길어 사용하였다.

한편 다마가와 상수는 1654년에 완성되어 메이지시대가 될 때까지 많은 사람들에게 도움을 주었는데 지금도 하무라 취수 둑에서 코다이

감시소까지의 구간은 다마가와의 물을 정수장으로 인도하는 데 사용되고 있다.

간다 수도의 나무통은 깨끗한 구형 단면으로, 표면도 평활하게 되도록 조정되고 있어, 매우 정밀하게 만들어져 있음을 알 수 있다. 한편, 에도 상수는 막부 말기에 가까울수록 나무통의 표면 조정이 조잡한 것이 많으며 목관이 크더라도 물이 통과하는 구멍은 작고, 일부는 목관의 중심에서 구멍이 어긋나 있는 것도 볼 수 있다. 또 에도 상수에서는 끝부분의 수도관에 대나무를 이용하는 경우가 있지만 간다 수도는 기본적으로 나무로 설비되어 있다.

©Chris 73/Wikimedia Commons

1985년대에 발굴된 간다 상수 유적의 일부를 이전, 복원한 것으로
에도시대 수도관의 모습을 확인할 수 있다.

도쿄 한복판에
에도시대 배수구가 있다?

에도시대 에도에는 수많은 공중목욕탕들이 개업하여 영업하고 있었는데 보통 아침 8시부터 저녁 8시까지 운영했다고 하며 목욕탕의 물은 관을 통하여 배출하였다. 이처럼 관을 통한 하수의 배수 시스템은 발달하였지만 오물 처리에 관한 부분은 특별히 마련되어 있지 않았으며 바다로 흘려보내는 구조였다.

도쿄도 주오구 쓰키지 5초메에 위치한 쓰키지 시장에서 멀지 않은 곳에서 도쿄 지방세무국을 볼 수 있다. 구내에는 메이지시대부터 해양 조사를 실시한 기관이 있었음을 나타내는 "일본 국가 해도 및 해양 조사의 발상지"라는 설명판을 볼 수 있다. 다른 한 곳에는 석조 구조물의 유적이 전시되어 있는데 에도시대에 하타모토 저택과 도로의 경계에 세워진 배수로와 쇼와시대 초기까지 사용되었던 배수로가 부분적으로 이전되어 보존되고 있다.

도시 개발 과정에서 하수도도 건설되었는데 이 시기까지 하수도는 상당히 개선되었다. 에도의 하수는 도시에 많은 연립주택(뒷 상점)이 있다는 것을 의미했으며, 연립주택의 싱크대에서 나오는 폐수는 골목에 지어진 도랑으로 흘러가 도로에 생성된 하수로 흘러 들어갔다. 빗물은 집 지붕에서 홈통을 통해 흘러 처마 밑에 지어진 빗물 하수로 배수되었다. 큰 하수와 작은 하수와 같은 이름이 있지만 이것이 반드시 하수의 크기를 나타내는 것은 아니고 지역 주민들이 그렇게 불렀던 것으로 기록되어 있다.

일본에서 에도가 개방되고 근대화의 물결이 시작되면서 인구가 급격히 증가하자 현대 도시를 만들기 위해 수로를 매립하고 도로와 주거지로 바뀌는 작업이 시작되었다. 그 결과 도시의 환경이 악화되고, 개방과 동시에 콜레라 등 극악성 감염증이 해외에서 반입되었기 때문에, 메이지시대에는 새로운 하수도 시스템, 즉 콜레라 대책을 주축으로 하는 현대의 하수도 시스템 개발 필요성이 커졌다.

근대 수도는 수도꼭지에서
물이 공급된 1898년부터

일본에서도 '양질의 물 확보'는 삶의 기초였다. 강물을 침전과 여과 등에 의하여 정수한 후 철관을 통하여 가압수를 안정적으로 분배하는 일본 최초의 근대식 상수도는 1887년(메이지 20년)에 요코하마에 설치되었는데 1899년(메이지 32년) 말까지 도쿄의 현대 상수도는 당시 도쿄시의 거의 모든 구(현재의 주요 구에 해당하는 교바시구와 니혼바시구를 포함한 15개 구)에 공급되었다.

요코하마의 근대식 상수도

일본 근대 수도는 에도 말기부터 메이지 초기에 걸쳐 외국과의 무역이 활발해진 반면 부정적인 측면으로는 콜레라, 장티푸스 등의 전염병이 전국적으로 대유행한 것을 계기로 하여 개발되기 시작했다. 1883년(메이지 16년) 영국인 파머의 주도로 수도 조사를 착수하여, 주철관·펌프·여과지 등의 근대 기술을 이용한 연속 급수의 수압 수도로 1887년(메이지 20년) 10월 17일 요코하마 시의 수도로 시작되었다.

이후 하코다테, 나가사키, 오사카, 도쿄, 히로시마, 고베, 오카야마, 시모노세키 등의 개항 도시를 중심으로 전국 근대식 수도가 설치되었으며 메이지 말기에는 일본 전국에 23개 수도가 설치되며 보급률 8%가 되었다. 1925년(다이쇼 14년)에는 106개 수도, 보급률 20.7%에 이르렀다.

　　도쿄의 물이 현재와 같은 정수장에서 깨끗이 정수되어 주철관을 통하여 운반되어 수도꼭지를 사용하게 된 것은 1898년(메이지 31년)에 요도바시 정수장이 생기고 난 후로, 이것이 일본 근대 수도의 시작이다.

　　그전까지는 다마가와 등에서 물을 나무나 돌관(나무통, 돌통)으로 흘려보내 거리 곳곳에 있는 상수 우물에서 물을 길어 사용하였다. 그러나 시간이 지남에 따라 나무관이 썩고 물이 오염되면서 물은 더 이상 안전한 상태가 아니었다. 이에, 정수장을 만들어 물을 깨끗이 하여 압력을 가해 주철 수도관을 통하여 물을 보내게 되었다. 도쿄도에서 가장 먼저 생긴 정수장은 요도바시 정수장이었는데 요도바시 정수장은 현재는 가동이 중단되면서 그 자리에는 도쿄도청과 고층빌딩이 세워져 있다.

현재 도쿄도의 수도는 약 1,360만 명의 도민에게 물을 공급하고 있는데 이렇게 많은 양의 깨끗한 물을 공급하는 것은 세계에서도 몇 안되는 도시 중 하나가 되고 있다. 한편 일본은 보다 안전하고 맛있는 물을 공급하기 위해 '고도정수처리'라는 새로운 기술도 도입하였다. 도네가와, 아라카와에서 끌어오는 도쿄도의 물 전체가 '고도정수처리'되고 있다.

9

[아시아 대륙]
한국

청동기 유적지에서 발굴된
주택 단위 배수시설

우리 민족은 강이나 우물에서 물을 사용한 것으로 기록되어 있다. 예로부터 배산임수의 지형을 선호했던 까닭에 물이 풍부한 지역에 터를 잡아 마을을 형성하였고 한반도는 화강암 지대로 물이 깨끗한 환경인 점도 이 같은 역사적 사실을 뒷받침해 주고 있다.

우리나라 청동기시대의 대표적인 유적은 울산식 주거지로, 움집 형태의 주거 내·외부에서 배수시설의 흔적이 확인됐다. 이러한 배수시설은 석기시대 주거지에서는 발견된 예가 없으며 우리나라에서는 청동기시대에 처음 주택 단위 배수시설이 시작된 것으로 보고 있다.

고조선부터 시작된 역사서를 살펴볼 때 물에 관한 이야기가 처음 등장한 것은 삼국시대로, 백제 부여 궁궐터에서 발굴된 기와 상수도관이 한국사에서 밝혀진 최초의 수도시설이었다.

부여 관북리 궁궐터의
기와 수도관

삼국시대 백제의 수도였던 부여 관북리 궁궐터에서 기와 수도관이, 통일신라시대 경주 인왕리 유적에서 토기로 된 상수도관과 하수도관이 발견되었으며 풍납토성에서 발견된 4~5세기경의 토관 등이 있다.

삼국시대에는 백제 사비기의 부여 관북리 및 익산 왕궁리 배수시설이 대표적인 하수도시설로 꼽히는데, 이 시대 배수관로는 대부분 기와로 축조되어 있으며 부분적으로 흙을 덮은 암거의 형태를 갖추고 있다. 특히 관북리 유적에서는 산에서 내려오는 지표수를 모아 정화시켜 용수로 사용하는 용도의 정교한 목곽수조와 함께 이와 연결된 오수의 배수시설로 추정되는 관로가 여러 곳에서 발굴되어 체계적인 상하수도 시스템이 갖춰졌음을 추정할 수 있다.

익산 왕궁리 유적에서 눈에 띄는 점은 대형 화장실의 존재다. 화장실 내부에는 벽면에 20cm 두께로 황갈색 점토를 덧발라 배설물이 지하수로 침투되는 것을 방지했고, 외부에서 물을 끌어들이지 않고 토관 내부에 일정 기간 분뇨를 저장했다가 일정한 높이까지 내용물이 차면 수로를 통과해 궁성 외부로 빠져나가는 구조를 취하고 있어 3단계의 정화 과정을 거쳤음을 유추할 수 있다.

삼국시대 백제 부여 궁궐터에서 발굴된 기와 상수도관

경주 인왕리 유적지의
우물과 중·대형 배수로

통일신라시대의 배수시설은 별도의 시설을 갖추었다기보다는 도로의 측구시설과 우물의 배수로에 배수시설의 기능을 더한 것이 보편적이다. 경주 인왕리 유적에서는 'ㄷ'자 모양의 담장 내부에 가옥과 우물이 조성되었던 것으로 확인됐다. 우물은 소형 배수로를 따라 중형·대형 배수로와 연결되며, 가옥 외에도 도로 양측에 배수시설이 설치되어 있었음이 발견되었다.

계획적인 배수체계를 갖춘
고려시대 사찰

고려시대의 유적은 대부분 북한 지역에 위치하고 있어 면밀한 조사가 이뤄지지 못하는 어려움이 있으나, 남한 지역에 보존되어 있는 사찰의 배수시설을 조사한 바에 따르면 개거식(開渠式)* 과 암거식(暗渠式)** 두 종류의 배수시설이 존재했음을 확인할 수 있다.

고려시대를 대표하는 건축물인 사찰은 당시 국가적 지원과 경제적 여력을 배경으로 건물 하부구조인 배수시설에 많은 공을 들여 축조했고, 대지 조성과 건물 기반설계 단계부터 지형과 건물 배치를 골고루 고려해 계획적인 배수체계를 구축한 점이 눈길을 끈다.

---

* 개거식: 위를 덮지 않고 터놓은 수로 또는 상부를 덮지 않고 터놓은 수로
** 암거식: 위를 덮은 수로 또는 상부를 덮은 수로

임금과 주민들의 음수원이었던 우물

삼국시대부터 조선시대까지 궁중에서는 풍부한 지하수를 이용해 각처에 우물을 파서 음용수를 취수한 것으로 기록에 남아 있다. 특히 조선시대의 경우 왕은 궁궐 내에서 맑고 깨끗한 지하수를 통해 식수를 해결하였는데, 지금까지 남아 있는 기록으로는 경복궁 강녕전 우물이 임금이 마시던 물을 긷던 우물, 어정(御井)이었다.

임금의 침전 정침과 왕비의 침전에 있는 우물은 임금이 마셨던 까닭에 '어정'이라 불렸고, 그중 임금의 정침 강녕전 서편 우물은 하나의 통돌로 반지처럼 우물 상부 테두리석이 제작되어 있다. 팔각형 기단을 만들고 바깥쪽에 팔각형 테두리를 둘러 물이 흘러나가는 배수로를 조성하여 사용했다.

경복궁 강녕전 우물

경복궁 강녕전 우물 어정 외에도 경복궁에는 우물이 하나 더 남아 있는데 '소주방 우물'이 그것이다. 소주방은 경복궁에서 음식을 조리, 보관, 제공하던 공간으로 흔히 수라간으로 불렸는데 소주방 우물은 왕이 먹을 음식을 짓는 식수로 사용한 것으로 알려져 있다.

경복궁 소주방 우물

2008년에는 창덕궁에서 어정 두 개가 발견되었다. 두 우물은 5m 거리를 두고 거의 완전한 모습으로 확인되었다. 잘 다듬은 화강암으로 만든 팔각형 모양으로 세조 때 만들어진 것으로 추정되며, 하나는 숙종 이전에 폐기되고 다른 하나는 숙종 16년(1690년)에 보수되어 1970년 대까지 사용한 것으로 알려져 있다.

궁중 생활과는 별개로 백성들 역시 우물을 통해서 물을 구했다. 서울은 사면이 산악으로 계곡물이 흐르고, 한강을 끼고 있어 비교적 많은 사람들에게 식수를 공급할 수 있는 지형이었는데 계곡물이나 한강물을 길어 먹을 수 없는 경우에는 우물을 파서 생활용수로 사용했던 것이다.

서울특별시 종로구 계동에서 '석정보름우물'을 볼 수 있는데 석정보름우물은 조선시대 북촌 주민들의 중요한 음수원이었다. 석정보름

우물은 15일 동안은 맑고, 15일 동안은 흐려진다고 해서 붙여진 이름이다.

석정보름우물

탑골공원 대원각사비 뒤쪽에는 우물이 하나 있는데, 2001년 탑골공원 재정비 사업으로 시행한 시굴조사 당시 발견된 우물이다. 조선 말기에 조성한 뒤 일제강점기까지 사용된 우물로 추정하고 있으며, 이는 조선 후기 한양의 생활사 연구에 중요한 지표가 되고 있다.

탑골공원 우물

또 하나 '청진 8지구 우물'은 통행이 잦은 피마길과 피마2길이 만나는 곳에서 발견되었는데 청진 8지구 우물은 축조방식과 재료가 우수하고, 특히 남측에 배수로 보강을 위해 2단 이상의 판재를 사용한 것으로 보인다. 1426년(세종 8년) 나라의 우물이었던 청진 8지구 우물은 도성민의 식수 확보에 도움을 주었으며, 우물물을 저장하여 비상시 인근의 화재에도 대비할 수 있었던 것으로 기록되어 있다.

청진 8지구 우물

또 한 가지 주목할 만한 내용은 1910년경 능라도(綾羅島)에 수원지가 만들어져 평양 시내로 연결하는 수도관을 부설한 벽라교(碧羅橋)이다. 벽라교는 광복 전 평양에 있었던 다리로, 능라도 수원지에서 평양 시내에 수돗물을 공급하는 대형 수도관을 부설한 다리이다. 통칭 수도국 다리 혹은 수도교(水道橋)라고도 했다. 다리의 정확한 건설 연도는 알려져 있지 않으나, 능라도 수원지에서 물을 공급하기 시작한 것이 1910년부터이므로 그때 처음 부설된 것으로 추정된다. 차량 통행은 불가능했고, 수도국 직원들이 능라도를 출입하던 통로로도 이용된 것으로 보인다.

벽라교 수도교(사진출처: 국립민속박물관)

개항 이후
근대 수도의 시작

우리나라 근대 수도의 역사는 개항 이후부터 본격적으로 시작되었다. 조선 후기 개항으로 외국 선박의 출입이 시작되자 서울과 개항지를 중심으로 외국인 거주자들이 늘어났고 일본에서 시행한 일본인 이주 정책은 서울을 비롯한 부산, 인천 등 대도시 인구의 급격한 증가를 초래했다. 1910년 경술국치 당시 서울의 일본인 수는 3만8,000명이었는데 조선 후기 서울 인구가 20만 명 정도였던 것을 생각하면 매우 큰 규모의 일본인 이주 정책이었다는 것을 알 수 있다.

이처럼 특정 지역에 인구가 몰리자, 그동안 사람들의 주 식수원이던 동네 개울이나 우물 등으로는 밀려드는 수요를 감당할 수 없었고 공동으로 사용하는 물의 오염도는 심각한 수준이었다. 따라서 이 같은 일련의 사건은 본격적인 상수도시설의 필요성을 앞당기는 계기가 되었다.

당시 체계적인 상수도시설을 운영할 만한 기술이나 경험이 없었던 까닭에 1903년, 고종황제는 미국인 콜브란(H. Collbran)과 보스트위크 (H. R. Bostwick)에게 상수도 부설 경영에 관한 특허를 허가했다. 그러나 2년 후인 1905년 특허권은 영국인이 설립한 조선(대한)수도회사에 양도되었고, 1908년 뚝도정수장이 설립되면서 서울에 본격적인 수돗물 공급이 시작되었다.

상수도 부설 경영에 관한 특허권을 부여받은 미국인 콜브란과 보스트워크
(사진제공: 한국전력공사 전기박물관)

근대 상수도 역사의 출발지인
뚝도정수장으로 놀러 오세요

뚝섬의 지형적 가치가 새롭게 인식된 것은 우리나라에 근대식 상
수도시설이 도입된 조선시대 말 개항을 전후한 시기부터였다. 개항 이
후 도시가 형성되면서 인구 밀도가 높아지자 동네 우물이나 개울의 물
만으로는 식수는 물론 생활용수의 양은 절대적으로 부족한 상황이 되
었다. 이에 근대식 상수도시설 도입의 필요성이 대두되었고 1905년
영국인이 설립한 대한수도회사(Korean Water Works Limited, manager and
engineer H. G. Foster Barham)에서 공사 시행을 맡아 1906년 공사에 착공
한 후 2년 후인 1908년 뚝도정수장이 완성되었다.

국내 최초의 상수도관 시공 기념 사진

(출처: 서울 상수도 백년사)

이로써 1908년 9월 1일부터 1일 1만2,500톤의 물을 서울 4대문 안
과 용산 일대 주민 12만5,000명에게 공급하기에 이르렀다. 뚝도정수
장이 우리나라 상수도 역사의 첫 출발점이 된 것이었다.

뚝도정수장 설립 이후에는 정기적으로 수질을 관리하고 새로운 정
화기술을 지속적으로 도입하게 되었다. 대한수도회사는 깨끗한 물을
마시면 질병 예방, 피로 퇴치, 정신건강 개선에 도움이 된다고 홍보했
다. 1919년 서울 상수도 시스템의 수돗물은 일본 거류지의 공공 우물
이나 개인 구식 상수도의 물보다 깨끗한 것으로 판명되었다.

뚝도수원지 제1정수장은 우리나라 최초로 수돗물을 생산하여 공급
하기 시작했던 곳으로 근대식 상수도 보급의 효시로 기록되어 있으며
현재 수도박물관이 위치하고 있다.

근대식 상수도 보급의 효시인 뚝도정수장(현재 수도박물관)

(사진제공: 서울특별시 수도박물관)

뚝섬에서 시작된 수돗물의 역사

21세기를 살고 있는 지금의 우리가 매일 24시간 사용하는 수돗물의 역사는 바로 뚝섬에서 시작되었다. 뚝섬은 이름 때문인지 섬으로 잘못 인식되기도 하지만 뚝섬을 칭하는 지역은 지금의 성수동과 자양동과 구의동 일대이다. 뚝섬은 실제로는 섬이 아니며 장마 때 큰 비가 오면 섬이 되고 비가 적게 오는 시기에는 육지와 연결되는 독특한 지형을 갖고 있다.

뚝섬이라는 지명은 왕을 상징하는 깃발인 '둑(纛)'에서 유래되었다. 뚝섬 일대는 조선 태조 때부터 왕의 사냥터이자 말을 기르는 곳이었으며 군대의 연무를 사열하던 곳이었다. 왕이 행차할 때마다 둑기를 세웠는데, 뚝섬 일대 지형은 3면이 강으로 둘러싸여 마치 섬과 같다 하여 둑기를 세운 섬이라는 뜻으로 둑섬, 둑도라 불리다가 현재의 뚝섬, 뚝도로 사용되고 있다.

왕을 상징하는 깃발인 '둑(纛)'
(사진제공: 서울특별시 수도박물관)

뚝도정수장은 지난 1908년부터 현재까지 주민들에게 깨끗한 물을 공급해 왔다. 정수장으로서의 역할이 끝난 후에는 한국 현대 상수도의 역사적, 문화적 가치를 대중에게 소개하는 문화유산으로 자리매김해 오고 있는 역사적인 장소이다.

산업혁명기를 지나 근대화가 본격적으로 시작되던 1880년에서 1950년 사이에 먹는 물 공급을 위한 정수시설이 설치된 것은 전 세계적으로 나타난 현상이었다. 그중 뚝도정수장의 경우 대한제국의 통치,

일제의 식민 통치, 두 번의 세계대전과 한국전쟁 등 매우 역동적인 시기에 건설, 확장, 운영되었기 때문에 더 복잡한 역사적 의미를 지니고 있다.

한국 근대사에 있어서 물이 지닌 역사적 의미는 크게 세 단계로 살펴볼 수 있다.

1) 대규모 도시화의 주요 과제를 해결하는 데 도움이 된 것은 도시기반시설 혁신이었다. 도시 거주자에게 깨끗한 물을 공급하고 도시의 수인성 질병을 예방하기 위해 전 세계적으로 수처리시설이 설치되었다. 그러나 상수도 건설을 준비하기 전에 콜레라가 발생했고, 한국 엘리트와 외국인 거주자들은 위생적인 생활 조건을 위한 상수도 설치를 촉구했다.

2) 서울의 상수도는 한국 정부, 서양 기술자 및 사업가, 일본 식민정부 간의 복잡한 상호 관계하에 건설되었는데 처음에 전기시설, 트램을 설치하고 도로 상황을 개선하여 한국을 현대화하려는 대한제국 고종황제의 의지에 의해 구상되었던 것이다. 그러나 안타깝게도 한국에서는 토목기사의 부족과 정부자금 부족에 직면했기 때문에 한국 정부는 프로젝트 수행을 위해 외국 엔지니어에게 이 과정을 위임하게 되었다. 19세기 들어서 많은 영국 토목기사들이 사업을 위해 아시아의 대도시를 중심으로 현대적인 도시를 건설하는 데 중요한 역할을 하게 되었다. 초기 단계에서는 한국의 상수도 산업이 외국인에게 수익성 있는 사업으로 여겨졌던 것이다.

3) 서울의 상수도는 시 정부인 경성부에 의해 관리되어 공익사업이 되었다. 그러나 식민지 시대의 공공사업은 본질적으로 차별과 지배를 내포하고 있었다. 많은 연구자들이 지적했듯이 비록 경성부 주민들에게 공급되기는 했지만 급수 구역은 일본이 지배하는 지역을 중심으로 확장되었고 수도 계량 시스템의 차별적인 구현으로 인해 한국인이 수돗물을 공평하게 사용하기는 어려웠다. 그 결과 한국인이 거주하는 마을의 위생 상태는 일본 마을보다 훨씬 나빴는데, 예를 들면 우물에서 물을 길어 오던 한국인은 콜레라 전염병(1909년 7월~12월)에 시달렸고 수돗물을 얻을 수 있었던 일본인에 비해 더 큰 고통을 겪게 되었다.

뚝도정수장 시설물을 기반으로 한 수도박물관의 전시는 이러한 상수도가 식민지 맥락에서 서양과 일본을 포함한 외국의 개입이 아닌 한국에서 현대 토목공학의 시작을 나타낸다는 것을 강조하고 있다. 서울시가 제공하는 뚝도정수장에 대한 설명은 서양의 기술자와 자본가 그리고 대한제국 황제 고종이 주도한 초기 단계와 서울 상수도 100주년을 기념하는 리뉴얼 사업에 초점을 맞추고 있는데, 정수장이 일본 점령 이전에 지어졌음을 강조하고 있다. 즉, 뚝도정수장은 한국 문화유산의 필수 장소로 지정한 정치적 전략에 따라 선구적인 상수도라는 상징적 의미를 가지고 투자되었던 것이다.

'한강의 기적'과 함께 시작된
수도관 인프라 구축

(1) 광복 이후~1950년대

광복 후부터 1950년대까지는 상수도권의 회복과 전후 복구사업이
전개된 시기라고 할 수 있다. 광복과 함께 상수도권을 회복한 우리 정
부는 전국적으로 수도시설 확장을 추진하게 된다. 그러나 그동안 일본
인들이 독점했던 수도사업의 기술과 행정적 공백, 자본과 자재의 부족
으로 많은 어려움을 겪게 되었다.

어렵게 수도사업을 일으켜 가는 와중에 1950년 6·25 전쟁으로 인
해 전국적으로 배수지, 송수관, 펌프모터, 급수전 등 거의 모든 수도시
설이 파괴되는 사태가 발생했다. 예상치 못한 커다란 피해로 국가의
근대화에 발맞춰 진행되던 상수도시설도 파괴되고 관련 사업도 중단
되는 등 기술적 발전과 양적 성장이 급했던 우리의 상수도시설은 큰
난관에 부딪히게 된다. 이후 전쟁이 끝난 후 복구작업이 진행되면서
한국 근대사에서 상수도 사업은 커다란 우여곡절을 겪게 된다.

(2) 1960년대~1970년대

1960년대 급속한 산업화로 서울로 인구가 집중되자 상수도시설의
확충 역시 시급한 문제로 떠올랐다. 이에 시대적 요구에 맞춰 1961년
'수도법'이 제정되었고, 자본과 기술의 부족을 메우기 위해 외국 차관
을 도입하는 등 수도시설 보급 확장이 국가적 우선사업으로 추진되

었다. 이후 1970년대에 들어서면서 수도권 광역상수도 사업이 추진되었고 그 결과 수도권 급수난은 1970년대 말경 상당 부분 해소되었으나 지방 중소도시, 특히 읍·면 지역은 수돗물 보급이 원활하지 못하여 국민들이 많은 고통을 겪었다.

(3) 1980년대

부족한 수돗물로 인한 국민들의 불편을 해소하기 위하여 정부는 수돗물 보급 확대에 전력을 다하였고, 그 결과로 1980년대를 전후로 수돗물 보급도 안정화되기 시작했다. 1960년에 17%였던 수도 보급률은 1980년에 55%, 1990년에 78%를 초과하였다. 이러한 기록을 보면 1960년도 이후 정부가 얼마나 신속하게 수돗물 공급을 확대해 왔는지를 알 수 있다.

대도시나 중소도시는 거의 대부분 주민들에게 수돗물을 공급하였으나 읍·면 지역은 아직도 수돗물 보급이 미흡하였다. 시·군의 인구가 늘어나고 산업활동이 활발해짐에 따라 지자체별로는 수원이 부족한 지역도 생겨났고, 수원이 오염되어 취수장을 이전해야 하는 지역도 나타났다. 자연히 상류지역에 건설된 댐으로부터 물을 두 개 이상의 지자체에 공급하는 광역상수도가 구축되었고, K-water(한국수자원공사)의 전신인 산업기지개발공사가 건설부에서 관리하던 수도권 광역상수도를 1981년부터 이관받게 되었다. 그 후 지속적인 광역상수도의 보급으로 상류댐으로부터 수돗물 공급이 확대되어, 수원이 부족하거나 원수 수질이 악화된 지자체는 깨끗한 수돗물을 공급받게 되었고 수돗물 보급률은 더욱 증대되었다.

　1980년대까지의 상수도 정책은 보급 확대에 치중하여 수질의 개선 등 질적 향상에는 상대적으로 미흡하였고, 과학적 관리체계 구축도 부족한 상태였다. 1970년대와 1980년대를 지나며 정수시설과 관망이 노후화되었으나 정수기술과 수질기준 및 수질 감시체계는 괄목할 만한 개선이 없었다. 당시에 정수의 수질은 보건사회부, 수도시설 건설은 건설부(현 국토교통부), 일선 지방 수도 행정은 내무부(현 행정안전부)가 관할하였으며, 정수 수질기준은 보건사회부의 업무였으나 특별한 관리가 필요하지 않은 여러 기준들 중의 하나였다. 수돗물은 소독만 문제 없이 된다면 수질의 안전성에 대해서는 별도의 의문을 제기하는 경우가 없었다.

(4) 1990년대

　1990년대에 들어서면서 전국적으로 수돗물의 양적인 보급이 안정화되었지만 수질에 대한 우려가 시작되었다. 1989년도 8월 초에 경향신문 1면 기사로 수돗물이 미생물과 중금속에 오염되어 있다는 기사가 나오면서 국민들은 수돗물의 수질이 건강에 해로울 수 있다는 사실에 경악했다.

　이러한 기사는 1988년 한국건설기술연구원의 연구에 기인하게 된 것인데, 당시의 연구에서 중금속이 검출된 하천은 폐광의 하류 지점에서 물을 채취한 것이므로 당연히 중금속이 검출될 수 있는 환경이었고, 실제로는 상수도의 원수로 사용하는 곳이 아니었으므로 수돗물과는 상관이 없었다. 미생물의 검출은 750개 정수장을 매달 수질검사하는데 그중에서 두 번 대장균군이 검출되었다.

그럼에도 당시 국민들의 우려가 매우 깊었으므로 정부는 즉시 수질조사반을 구성하여 전국 750여 개 정수장의 수질 전수검사를 두 달에 걸쳐 시행하였다. 수질검사 결과 수돗물 수질은 이상이 없는 것으로 나타났지만 국민들의 마음에 수돗물 수질에 대한 불신이 자리 잡기 시작했다. 지난 30여 년의 시설 확장으로 급수 부족으로부터는 벗어났으나, 1989년 이후로 발생된 수질사건으로 인하여 수돗물에 대한 불신이 급격히 확산되었다.

〈1990년대에 발생된 수질사고와 대책〉

연도	발생 사건	사건으로 인한 변화
1989년	수돗물 미생물과 중금속 오염 보도	맑은물종합대책 수립 정수장 기술지도 시작(정수장 진단 제도의 전신)
1990년	THMs 검출 파동	수질기준 강화 환경처 발족
1991년	낙동강 페놀 유출과 악취 사건	고도정수시설 도입
1994년	고도정수시설 도입 시작	환경부 발족
1997년	서울시 수돗물 바이러스 검출 낙동강 하류 EDS 검출	환경부의 전국적 조사 정수처리기준 제정

수돗물에 대한 불신이 확산되는 틈을 타고 정수기 및 먹는 샘물이 급속하게 시민들에게 확산되었다. 특히 초기에는 정수기와 먹는 샘물

은 수돗물에 대한 불신이 확산될수록 판매가 증대되는 상관관계가 있었으므로 일부 정수기 혹은 샘물 판매회사는 가정집을 방문하여 불신을 조장하는 실험을 보여 주면서 제품을 판매하는 경우도 있었다.

수돗물에 대한 국민들의 불신이 갈수록 증대되자 수돗물 관련 업무는 국토교통부(당시 명칭은 건설부)로부터 환경처로 이관되면서 환경처가 환경부로 발족(1994. 12. 23.)되었다. 또한 원수 수질의 악화, 각종 수질 사고, 낙동강 악취 사건 등으로 수돗물에 대한 불신이 높아짐에 따라 국민들의 불신과 우려를 불식시키기 위하여 4,736억 원(국고 2,366억 원)의 사업비를 투자하여 20개 정수장에 고도정수시설을 도입하였다.

고도정수시설이란?

고도정수처리 시설이 완비된 뚝도아리수정수센터(사진제공: 서울특별시 수도박물관)

보통의 정수 방법으로는 제거되지 않는 농약이나 유기화합물질, 냄새물질, 트리할로메탄 전구물질, 색도, 음이온계면활성제 등의 처리를 목적으로 설치된 정수시설. 주로 오존 산화와 활성탄 흡착 공정으로 구성되었다.

이로써 수도정책은 단순한 수돗물의 양적 보급확대가 아니라 양질의 서비스를 제공한다는 것으로 정책이 바뀌게 되었고, 이 사업의 일환으로 1994년부터 전국의 주요 정수장에 고도정수시설이 도입되기 시작했다.

1990년대에는 고도정수시설 도입뿐 아니라 수질 개선을 위하여 수돗물 수질기준이 지속적으로 강화되었다. 1961년 수도법 제정 당시에 28개였던 수질기준은 30여 년간 변화가 없다가 1989년에 트리할로메탄이 추가되면서 강화되기 시작했다. 이후 농약 성분이 추가되어 1991년에는 다이아지논 등 5종, 1992년에는 카바릴 등 4종이 추가되었다. 1994년에는 유기용매인 벤젠 등 6종, 1996년 사염화탄소 등 2종이 추가되어 총 18종의 새로운 미량유해물질이 수질기준에 포함되었다.

이와 함께 1989년에 각 지자체에 상수도사업본부 혹은 상수도사업소가 발족됨에 따라 수질검사 장비의 도입, 전문인력의 보강, 수질분석을 전담하는 수질검사소가 설치되고 수질검사가 강화되었다.

1991년 낙동강 페놀 사건 등 원수 오염 사건이 발생됨에 따라 원수감시가 강화되어 각 정수장의 취수장에는 자동수질분석기가 설치되었고 암모니아성질소, 질산성질소, pH, 염소, TDS, 페놀 등을 실시간 분석하고 물벼룩이나 오염에 민감한 어종을 이용하여 독성물질의 유입도 실시간 감시하게 되었다.

경제성장이 본격적으로 진행된 1990년대에 현대화와 산업화가 가져온 눈부신 국가 발전은 수준 높은 삶을 추구하는 국민들의 열망으로 이어졌다. 또한 이는 수질개선을 위한 고도정수시설의 도입과 함께 2000년대에 들어서면서 상하수관의 관종별 문제점과 보완점을 연구, 개발하는 원동력으로 작용했다. 이제 21세기를 넘어서고 있는 지금 한국 사회는 수도관의 인프라 구축뿐 아니라 새로운 기술과 시스템의 발전을 거듭하면서 세계 최고의 기술력을 지닌 파이프 강국으로 그 위상을 새롭게 만들어 가고 있다.

4장

미래 세대를 위한 위대한 유산

"신기술로 물의 가치를 높인다"

| 물과 함께 발전하는 새로운 미래

지금까지 우리는 인류의 탄생부터 현재까지 그 역사의 궤적을 함께하고 있는 동반자, 물이 갖고 있는 속성과 인간과 물의 관계에 대해 심층적으로 살펴보았다. 이 책에 모두 담아 낼 수 없을 만큼 방대한 양의 자료와 고증과 역사 속 물의 이야기가 지구상에 출현한 이후 물과 함께 생존의 역사를 이어 온 인간과 물의 상관관계를 보여 주고 있다.

물을 쉽고 빠르게 얻고자 했던 인류의 갈망은 다양한 우물과 수로와 수도관을 탄생시켰으며 최초의 탄생 이후 2천 년이 넘는 기간 동안 지속적으로 발전을 거듭하여 왔다. 이제 물과 함께 생존해 온 인류는 물과 함께 발전하는 새로운 미래를 준비하고 있다.

안전과 건강 그리고 경제성까지 고려한 물 이용법은 물론, 환경과 위생과 IT 기술을 접목시킨 새로운 형태의 신개념 수도관은 한정된 자원인 물의 절대 가치를 전달하는 미래 산업의 중요한 영역이 되고 있다.

태초부터 지금까지 인류가 지향하는 목적지, 그 길에는 인류와 생사고락을 같이했던 귀중한 자산, 물이 함께해 왔으며 현재를 지나 가까운 미래뿐 아니라 우리의 후손들이 살아가게 될 먼 미래까지도 함께하게 될 것이 바로 물의 숙명이요, 운명이다. 미래 첨단도시를 꿈꾸며 새로운 여정을 준비하고 있는 물은 인간의 야망과 집념과 미래가 내재되어 있는 바로 그곳에 있으며 바로 그 물이 있는 곳에는 새로운 수도관을 향한 비전과 열정도 나란히 함께하고 있다.

1
'세계 물의 날'과
'물'의 가치

우리가 일상 속에서 편리하게 쓰고 있고 무심코 버리고 있는 물의 가치는 과연 얼마나 될까? 인류의 욕심과 욕망으로 세계 곳곳에서 무분별한 개발이 진행되고 이는 곧 환경파괴로 이어지면서 강과 호수와 바다가 오염되는 사례가 발견되고 있다. 이에 강과 호수, 바다는 물론 북극과 남극의 빙하지대까지 오염되면서 사람이 사용할 수 있는 물은 점점 그 양이 줄어들고 있다.

인구와 경제활동의 증가로 인하여 수질이 오염되고 전 세계적으로 먹는 물이 부족해짐에 따라 물의 소중함을 되새기고 경각심을 일깨운다는 취지로 유엔(UN)은 매년 3월 22일을 '세계 물의 날(World Water Day)'로 제정한 데 이어 1992년 유엔 총회 선포 이후 다음 해인 1993년부터 전격 시행하고 있다. 또한 세계물위원회(World Water Council)는

1997년부터 매 3년마다 세계 물의 날 주간에 '세계 물 포럼(World Water Forum)'을 개최하고 있는데, 이제 물은 한 국가나 특정 지역의 문제가 아닌 인류 모두의 자원이며 우리의 미래인 까닭이다.

세계 물 포럼은 1997년 1차 회의가 모로코 마라케시에서 개최되었으며, 2015년에 우리나라(대구~경북)에서 제7차 세계 물 포럼을 개최하였다. 기후변화로 인하여 불규칙한 강우와 극심한 가뭄으로 물이 고갈되고 있는 시대에 물은 인류가 함께 보호하고 관리해야 할 공통의 자원이기에 물로 인해 고통을 겪고 있는 소외된 계층의 사람들도 물을 충분히 공급받고 누릴 수 있도록 정책을 만들어 간다는 것에 그 의미를 두고 있다.

환경부에서는 지난 1995년부터 해마다 세계 물의 날에 맞추어 국내에서도 '물의 날' 행사를 개최하고 있다. 각 지자체와 관련 단체, 업체들도 다양한 캠페인과 행사를 진행하면서 물이 인간에게 안겨 주는 가치와 중요성에 대해서 논의하고 연구하는 자리를 갖고 있다.

물은 이제 물이 주는 상상 이상의 가치뿐 아니라 다음 세대를 위한 또 하나의 유산으로 잘 보존해 나가야 하는 절체절명의 가치이며 명제로 부족함이 없다. 물은 끊임없이 무한 생산되는 자원이 아니며, 인간의 욕망과 욕심으로 언젠가는 고갈될 수도 있다는 '자연이 주는 무서운 경고'도 우리는 결코 지나칠 수 없다.

물은 산업화와 근대화, 도시화를 형성하는 데 있어 빼놓을 수 없는 중요한 역할을 담당하고 있지만 기후변화와 인간의 끝없는 욕심으로 물은 점차 그 모습이 사라지고 있다는 직면한 현실도 잊지 말아야 한다. 이제 물과 함께 사는 세상, 물의 중요성을 인식하는 세상, 물의 가치를 연구하고 지키는 미래를 준비할 이유가 바로 여기에 있다.

한편 물이 주는 가치와 중요성을 인식한 환경부에서는 물의 가치를 차별 없이 누리고, 후손들까지도 그 가치를 공유하며 온전히 물려주기 위한 노력에 박차를 가하고 있다. 무엇보다 환경부가 물관리, 탄소중립의 주무부서인 만큼 물의 다양한 가치를 유지하기 위한 정책인 그린 뉴딜에 집중하는 한편 물의 보존과 이상기후의 위기로부터 국민 모두가 안전하고 건강한 삶을 누릴 수 있도록 한다는 데 중점 목표를 두고 있다.

이에 따라 지난 2019년 설립된 '국가물관리위원회'의 경우 지속 가능한 통합 물관리를 실현하기 위해 유관 기관 및 단체와의 소통에 주안점을 두고 총력을 기울이고 있다. 또한 물관리에 있어 공공의 역할도 중요하지만, 국민 모두 물의 수요자이자 관리자임을 인식하고 물을 소중히 여기는 것은 물론 물의 가치가 미래까지 지속될 수 있도록 실천한다는 것에 특별한 사명을 갖고 있다.

국가물관리위원회

우리나라의 물관리 정책을 결정하고 물분쟁을 조정하는 대통령 직속 기구로, 2019년 출범했다.

2018년도에 제정된 '물관리기본법'에 따라 2019년 8월 27일 출범한 국가기구로, 국가물관리기본계획과 물 관련 중요 정책 및 현안을 심의·의결하고 물분쟁을 조정 하는 등의 역할을 수행하게 된다. 위원회에서는 ▷국가물관리기본계획의 수립·변경 ▷수계별 유역 범위의 지정 ▷물관리 관련 분쟁 조정 등 중요하고 민감한 사안들을 다루게 된다.

기구는 정부위원장과 민간위원장 각 1인이 공동위원장을 맡고 있으며 정부위원장은 국무총리가 맡고 있다. 위원회 조직은 '물관리기본법' 제20조에 따라 국가물관리위원회를 두고 국가물관리위원회에 4개 유역별 유역물관리위원회로 구성되어 있다.

(국가물관리위원회 홈페이지: www.water.go.kr)

2
세계 패권의 중심에 있는 물

세계 4대 문명의 개화기를 지나 로마제국에 이어 중세와 근대로 이어지는 문명의 발전과 인간의 삶의 과정 과정마다 물이 있었다. 활동하고 숨 쉬고 생활하는 모든 것이 물의 순환 과정이기도 하다.

지구상에 존재하는 물의 양은 약 14억km³인 것으로 알려져 있다. 그런데 이 중 인간이 사용할 수 있는 물의 양은 0.8퍼센트에 불과하다. 지구의 물은 대부분 바닷물과 빙하로 구성되어 있는데 이는 곧 식수나 생활용수로 사용할 수 있는 물의 양이 제한적이라는 것을 의미하기도 한다. 그렇기에 제한적으로 존재하고 쓸 수 있는 물을 어떻게 더 효과적이고 경제적으로 사용할 수 있는가 하는 것은 인류의 생존과 직결되는 필수불가결한 절대적 명제이다.

따라서 물은 더 건강하고 더 쾌적한 삶을 준비하는 미래 핵심 가치로 아무리 강조해도 지나치지 않다. 이제 물의 활용기술과 보존방법의 발전적 전개는 절대적으로 중요한 국가 과제로 떠오르고 있다. 물을 어떻게 활용하고 관리하고 보존하느냐에 따라 국가의 흥망성쇠도 달라질 수 있다. 바야흐로 물은 세계 패권의 중심에 있는 또 하나의 권력이 되고 있는 것이다.

이렇듯 점차 그 비중과 가치가 높아지고 있는 물을 바라보는 세계의 시각도 급속한 변화를 겪고 있다. 그리고 그 변화는 물을 전달하는 가장 기본적이고 체계적인 시스템인 상수도관과 바로 연결되어 있다. 그렇다면 앞에서 살펴본 것과 같이 고대로부터 이어져 온 상수도관은 그간 어떤 변화를 거치면서 지금에 이르고 있는지 각 관종별 사용 시기와 그 특징에 대해서 살펴본다.

3

소중한 물을 지키는 '관'의 비밀

각 관종별 특징

관은 재질에 따라 크게 금속관과 비금속관으로 분류될 수 있는데 금속관의 경우 철 금속관은 강관, 주철관, 덕타일 주철관으로, 비철 금속관은 연관, 동관, 알루미늄관, 주석관으로 분류된다. 비금속관은 콘크리트관, 석면시멘트관, 합성수지(Plastic) 등으로 분류할 수 있다.

주철관 및 덕타일 주철관

주철관은 선철을 녹여 이것을 주형에 부어서 주조하는 관을 말하며 재질을 기준으로 회주철관(Cast Iron Pipe, CIP)과 덕타일 주철관(Ductile Cast Iron Pipe, DCIP)으로 나뉜다.

회주철관은 용융된 철을 틀에 부어 만든 1세대 주철관으로 불리우며 1957~1970년에 사용되었다. 내면에 단순 역청제가 코팅된 재질(무라이닝)로 관 내면 부식 방식제가 없어 녹물(적수)이 쉽게 발생했으며 관체의 부식 및 빔 브레이크* 현상으로 누수 또한 쉽게 일어났다. 덕타일 주철관은 철에 마그네슘을 첨가하여 고강도의 분자구조를 가지게 되어 회주철관에서 쉽게 발생하는 빔 브레이크를 방지한다.

　주철관이나 덕타일 주철관이 노후화되면 매설된 상태에서 관을 세척하고 관 내면에 에폭시수지(Epoxy Resin)로 라이닝한 갱생관이 사용되었으나 에폭시 라이닝 탈리 등이 발생되기 때문에 현재는 내면에 에폭시 분체도장, 시멘트 라이닝 또는 액상에폭시를 처리한 관이 사용되고 있다.

석면시멘트관

　석면시멘트관(Asbestos Cement Pipe, ACP)은 값이 저렴한 편이고 공정이 간단하여 1960~1970년대 대량으로 사용되었다. 하지만 시멘트 벽체에 섞여 있는 약 20%의 석면이 용출되어 건강에 악영향을 미치는 것으로 밝혀졌고, 미국 환경보호청(EPA)에서 석면시멘트관을 사용할 경우 발암 가능성이 있음을 발표하였다. 1987년 WHO(세계보건기구) 산하 IARC(국제 암연구소)에서는 석면을 1급 발암물질로 지정하여 현재는 수도관으로 사용할 수 없다(수도용 석면시멘트관 KS기준은 1989. 6. 29. 폐지).

---

* 빔 브레이크(Beam Break): 회주철관에서 발생하는 균열이 대부분 직선으로 발생되는 현상

미국은 1960년대 미국 전체의 12% 정도가 석면시멘트 수도관을 사용한 것으로 파악되었다. 현재 미국의 수돗물 기준은 길이가 $10 \mu m$ 이상의 석면(Asbestos)을 $7 \times 10^6/L$ 이하로 규제하고 있다. 독일은 수돗물 중 석면의 크기가 $5 \mu m$ 이상인 것을 $1 \times 10^4/L$ 이하로 규제하여 미국보다 엄격한 기준을 적용하고 있다.

프랑스에서는 알루미나 시멘트* 재료를 사용했는데 갱생방법은 없고, 수돗물 속 알루미늄 농도가 MCL 기준인 0.2mg/L를 넘는 일이 있었다고 조사되었다. 일본에서는 석면시멘트관의 진단 매뉴얼을 만들고 순차적으로 부설 교체를 진행해 왔다.

한국에서는 2000년대에 와서 석면 문제가 야기되었으며 한국환경공단에서 석면피해구제법에 따른 대응반이 편성되어 운영되다가 한국환경산업기술원으로 업무를 이관한 바 있다.

강관

에나멜이나 에폭시를 코팅한 도복장 강관은 부식되기 쉬운 철을 코팅하여 수명 연장을 하기 위한 제품이다. 내식성 강화를 위하여 강관의 외표면을 유기계 방식재료로 피복한 경우도 있다.

한편 국내의 강관용 철강재, 도복장 강관 등의 제조기술은 선진국 수준을 보여 주고 있다. 그러나 배수관이나 급수관의 파열에 의한 누

---

* 알루미나 시멘트는 내화도 및 내침식성이 뛰어난 내화재이다. 산화 알루미늄이 30~40% 들어 있는 고급 시멘트로, 짧은 시간에 굳어지고 바닷물에도 강한 특징이 있다.

수사고가 발견되었는데 이는 수도관의 노후화, 시공불량, 외부충격 등이 원인으로 나타났다. 특히 노후화에 대해서는 수명진단 및 예측기술의 개발에 의한 체계적인 관리대책의 수립이 필요한 상황이다.

강관의 부식 방지를 위해 내외부에 합성수지(PE 등)로 코팅하는 방식도 사용되고 있다.

아연도 강관

아연도 강관은 1970년대부터 1994년 3월 31일까지 사용되었다.* 아연도 강관은 강관의 내면에 이온화경향이 철보다 높은 아연을 도금한 것으로서, 부식이 발생하는 상황이 되면 철보다는 이온화경향이 높은 아연이 먼저 용해되면서 철관을 보호할 것으로 예상되었다.

이러한 기대하에 아연도 강관은 주로 급수관에 사용되었으나 아연이 용해되고 내면의 철의 부식이 진행되면서 철에서 국부전지(Localized Cell)**를 형성하여 핀홀(Pinhole)이라는 작은 구멍이 뚫리면서 누수가 발생하였다. 이러한 형태의 부식을 공식부식(Pitting Corrosion)이라고 하며 용접불량이나 아연도금 등에 기인한다고 알려졌다. 아연층의 부식에는 pH, 탄산염, 유속이 관계되는 주요 인자로 보인다.

아연도 강관의 부동태 피막(수산화아연)은 관 내면과 밀착성, 안정성,

---

* 수도용 아연도 강관은 건설교통부에서 사용을 금지하였고(1994년 4월 1일 자), 2007년 6월 29일 환경부 고시를 통해 수도용 KS 표준이 폐지되었다. (출처: e나라 표준 인증)
** 국부전지(局部電池): 『화학』금속 표면에 있는 불균일한 부분 때문에 형성되는 단락 전지. 불순물의 부착, 용액이나 금속상의 변형, 조성이나 표면 상태의 불균일성, 접촉하고 있는 용액의 온도 · 압력 따위의 불균일성 따위가 요인이다. 금속 부식의 한 원인이기도 하다.

내식성은 현저히 높지만 이 피막도 고농도 용존산소(DO), 낮은 pH, 높은 수온 등의 조건하에서는 아연(Zn)이 용출되어 비교적 수명이 짧은 것으로 보인다.

스테인리스관

스테인리스 스틸 파이프는 부식에 강해 공동주택 등에서 급수·급탕관 등으로 다양하게 쓰이지만, 자재비가 비싸고 용접 부위와 서로 다른 금속관과의 연결부에서 부식이 발생될 수 있으므로 주의를 기울여야 한다.

금속관종의 부식에 따른 대안 모색

관이 부식될 경우 수돗물 중에 사람의 건강에 영향을 끼치는 물질이 증가한다. 또한 관로의 관체 또는 도료에서 카드뮴(Cd), 아연(Zn), 동(Cu) 등의 금속이 용출될 수 있고, 내부 부식에 의해 관 재료의 강도가 저하되고 교통하중, 지진 등의 외력에 대해 취약성이 증가하며 관 파손 등의 사고에 관련될 우려가 있다.

또한 관 내부에 부식생성물인 스케일이 축적되어 관경이 좁아지고 통수능력이 저하되면 에너지 손실이 증가하여 펌프를 이용하고 이송하는 비용이 상승한다.

수질적인 문제로는 관 부식으로 인한 적수(赤水), 구리관의 구리 용출로 인한 청수(靑水), 관 내 과포화 공기의 미소 포말로 인한 백수(白水) 등이 있으며 이 문제들은 수질, 급격한 밸브 조작이나 물이 장시간 체류하게 하는 수운용 조건, 소독을 위한 염소 투입 등도 원인이 된다. 다음은 환경부에서 발행한 상수도 관망정비사업을

보여 주는 그림 정책자료이다. 여기서는 노후 관의 내면과 외면의 부식으로 인한

누수, 관 파손, 관경 부족 문제를 그림으로 알기 쉽게 보여 주고 있다.

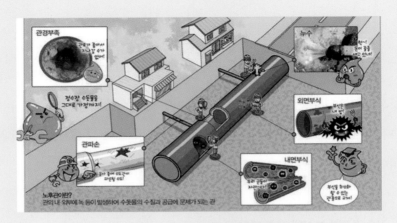

노후 관의 내면 부식 및 외면 부식으로 인한 누수, 관 파손, 관경 부족 설명도

(출처: 환경부 〈알기 쉬운 상수도 관망정비사업 & 정수장 개량사업〉(2015년 2월))

전 세계적으로 금속관의 노후화로 인한 각종 문제점을 해결하기 위해 점차 품질

성능이 향상된 PVC관, PE관 등 플라스틱 소재의 관이 새로운 대안으로 등장하고

있다.

PE관

PE관은 비금속관으로 폴리에틸렌(Polyethylene) 관이다.

미국 캘리포니아주 이스트베이시 도시시설국(EBMUD)은 가솔린에

대한 침투성이 있는 플라스틱 급수관이 어떤 종류이고, 이상한 맛과

냄새가 어떻게 발생되는지를 실험했다. 가솔린은 불과 1시간 접촉에

도 2.8kgf/cm² 수압의 폴리에틸렌 관에 침투하여 수돗물에서 가솔린 냄새가 풍겼다. 이 시험결과로 볼 때 가솔린에는 취약하다는 것을 알 수 있다.

PE 소재는 PE 80에서 PE 100, PE 100+ 등으로 기계 물리적 성능이 발전된 소재들의 개발이 지속되고 있다.

PVC관

폴리염화비닐(Polyvinyl Chloride) 관인 PVC관은 1970년대에 등장했고, 1970~1980년대에 많이 사용했다. 그러나 당시 플라스틱 파이프는 고속도로에서 매설된 위로 무거운 물체를 이동하는 차량으로 인해 파손되는 사례가 생기는 등 몇 가지 문제점을 안고 있었다.

미국수도협회는 2005년 내압기준을 강화하였다. 이에 따라 가장 이상적인 수도관으로 주목받고 있는 PVC 파이프를 적용하기 위한 다양한 시도가 시작되었다.

PVC 파이프 소재별 특징과
PVC 상수도관의 특성 비교

PVC 소재로 만들어지는 PVC 파이프는 부식되지 않아 경제적이며 생물학적 안전성과 시공성이 우수하여 미국, 유럽을 중심으로 사용량이 증대되고 있다. PVC 파이프는 고분자의 화학구조, 첨가물질과 가공방법의 차이로 구분되고 대륙별 및 지역적 특성에 따른 차이가 있으나 다음과 같은 파이프가 전 세계에 통용되고 있다.

- 독일에서 최초로 개발하여 전 세계에서 압력용, 배수용 등 일반적으로 사용되는 **PVC-U** (unplasticized)
- 호주에서 개발된 것으로 충격보강제를 첨가하여 내충격 강도를 높인 **PVC-M**
- 스페인에서 개발된 것으로 PVC-U 제품을 배향하여 성능을 향상시킨 **PVC-O** (oriented)
- 한국에서 개발된 초고중합 수지 포뮬레이션 기술(배합기술)과 연속경질압출 기술(생산기술)을 적용하여 기존 PVC 배관의 기계적 성능을 향상시킨 **iPVC**

위에서 열거된 각각의 파이프는 사용 수지의 중합도, 첨가제, 각 공정(배합, 냉각, 압출, 인취 등), 성형설비 및 금형의 형상 등 다양한 조건에 따라 장·단기 강도(short-term and long-term strengths)와 물리적 특성의 차이가 발생하게 된다.

현재 통용되는 비가소화 PVC 파이프인 PVC-U는 한국과 일본의 VP, VG, VN 등 전 세계에서 일반적으로 사용하는 압력 및 비압력 관이며, 충격보강제가 첨가된 PVC-M은 한국, 일본에서 내충격 수도관으로 사용되는 HI-VP가 여기에 해당된다.

PVC-U를 배향한 PVC-O 파이프는 국내에서 생산하지 않는다. 배향을 통해 분자구조를 변경시켜 성능을 향상시킨 만큼 두께가 PVC-U나 PVC-M보다 얇아 시공 시 주의를 기울여야 하며 사용 온도 상승 시 치수 변화 여부에 주의를 기울여야 한다.

PVC 관종별 및 표준별 기계적 물성 비교는 다음 표와 같은데, 이 비교표에 의하면 일반적으로 호주의 PVC-M 파이프와 같이 일본, 한국의 HIVP 등의 내충격 파이프는 충격보강제가 처방되어 있기 때문에 인장강도가 낮고 호주의 PVC-M은 인장강도 시험을 하지 않는다. 일본 HIVP의 인장강도는 40MPa, 한국의 HIVP는 43MPa 이상으로 PVC-U보다 낮은 인장강도 기준을 가진다.

또한 장기내구성과 관련하여 일본은 충격보강제가 들어 있어 MRS 시험이 적합하지 않다고 판단하여 장기내구성 시험을 배제하고 있으나 상대적으로 최근에 생산되는 PVC-M의 경우는 사용자들의 장기내구성 요청에 의해 내충격 파이프이면서도 장기내구성을 만족하여야 한다는 의미에서 하한신뢰한계예측 정수압강도(Low confidence limit of the predicted hydrostatic strength) 값인 MRS 24.5MPa를 요구하고 있다.

또한 'ISO 12162'의 MRS rating에 따르면 PVC-M은 MRS 22.4 등

급에 해당된다. (MRS 22.4 : 22.4 ≤ σLPL < 25.0)

iPVC 파이프는 PVC-U 또는 PVC-M 및 HIVP 파이프 표준에서 찾아볼 수 없는 100년 내구성 CRS 성능을 만족하고 미국에서 피로내구성 시험으로 220년 내구성을 검증받았고, PVC-O의 배향기술 생산 방식을 제외한 경질 PVC 압출 가공 제품/소재 중 'ISO 12162'의 MRS 31.5MPa 등급률을 달성한 것은 iPVC가 유일하다.

〈PVC 압력관의 관종별/표준별 기계적 물성〉

시험항목	국제표준 ISO 1452	한국 KS M 3401		미국 AWWA C900	일본 JIS K 6742	호주 AS/NZS 4765	iPVC
	PVC-U	HIVP	VP	PVC-U	HIVP	PVC-M	
인장강도 (MPa)	45↑	43↑	45↑	48.3↑	40↑	항목없음	53
낙추충격 (높이, 추무게) 추 모양 (원뿔형 혹은 원통형)	1.6m 1kg	1.5m 9kg	–	–	1.5m 9kg	20m 10kg (깨지지 않고 구멍이 생기는 것은 합격)	3.0m 9kg PVC-M 기준도 만족
열간내압 (20℃, 42MPa)	1hr	1hr	1hr	1hr	1hr	1hr (38MPa)	30시간 (42MPa)
VICAT (℃)	80	76	76	–	76	79	82
MRS (50년)	25	25	25	4,000psi (HDB)	–	22.4	31.5(MRS) 5,000psi (HDB)

CRS (20℃, 100년)	타 소재는 진행한 사례를 찾지 못함	25MPa 등급 (100년)
피로내구성 시험 (ASTM F 1674-11)	400만 회의 서지스트레스에 대한 내구성 검증	220년

상기의 성능 비교에서 보는 바와 같이 iPVC 파이프는 인장강도 (53MPa), 충격강도(2배), 열간내압(30배) 등 모든 항목에서 우수한 특성을 나타내었다. 그 외 미국과 한국에서 내진 성능과 내동파성 등의 확실한 우수성이 검증되었다.

iPVC 상수관은 2024년 현재 미국의 9개 주, 15개 현장에 시공되고 있고 유럽(스페인 최대 기업)에 iPVC 소재 및 iPVC 상수도관 제조기술을 수출하고 있어 압력관 중 우수한 제품으로 국내외서 인정받고 있다.

4
안전한 수도관 사용은
선택이 아닌 필수

시대에 따라 변화하는 관종

수도관은 위생과 경제성과 수명과 재질에 따라 변천을 거듭해 오고 있는데, 앞에서 살펴본 바와 같이 상수도관으로 사용된 재질의 종류는 많았지만 사용하면서 단점이 발견되었고, 건강에 치명적인 문제점을 일으키는 관종들의 경우 사용이 중단되었다는 것을 알 수 있다.

다음은 수도관의 KS 제정 이력을 보여 주는 도표이다. 각 관종별로 KS 제정 이력을 나타내고 있는데, 주름마디 스테인리스 강관을 비롯 아연도 강관과 원심력 사형 주철관과 석면시멘트관 등 많은 종류의 경우 KS 표준이 폐지되었음을 알 수 있다.

그간 수많은 관종이 출현했지만 건강과 환경과 경제적인 측면에 대한 관심과 중요성이 증폭됨에 따라 이제 부식 없고 안전한 수도관의 수요는 점차 그 시장성이 확대되면서 사용량이 증가하고 있는 추세이다.

〈수도관 KS 제정 이력〉

표준번호	표준명	제정일	폐지일
KS D 3507	배관용 탄소강관	1963.12.02	
KS D 4306	수도용 원심력 사형 주철관	1966.08.31	1991.12.05
KS D 4309	수도용 주철 이형관	1966.12.22	2007.06.29
KS D 6703	수도용 폴리에틸렌 라이닝 납관	1966.12.23	2007.11.28
KS M 3401	압력용 경질폴리염화비닐관	1968.07.20	
KS D 3565	상수도용 도복장강관	1970.09.02	
KS D 4310	수도용 입형 주철 직관	1970.09.21	1987.12.28
KS D 3576	배관용 스테인리스 강관	1974.10.15	
KS D 8307	수도용 강관 콜타르 에나멜 도복장	1976.11.16	2013.12.30
KS D 4311	덕타일 주철관	1977.12.19	
KS F 4410	수도용 석면시멘트관	1978.04.14	1989.06.29
KS D 8306	수도용 강관 아스팔트 도복장	1978.09.05	
KS D 4312	수도용 원심력 금형 주철관	1979.12.24	1987.12.28
KS M 3403	새마을 간이 상수도용 경질 염화비닐관	1980.06.17	2001.12.31
KS D 3537	수도용 아연도 강관	1980.12.19	2007.06.29
KS D 3589	압출식 폴리에틸렌 피복강관	1985.08.06	

KS D 3608	수도용 에폭시 수지 분체 내외면 코팅강관	1985.12.11	2016.08.23
KS D 4317	덕타일 주철관 에폭시 분체도장	1985.12.31	
KS D 3619	수도용 폴리에틸렌 분체 라이닝 강관	1987.12.31	
KS D 4316	덕타일 주철관(모르타르 라이닝)	1988.02.16	
KS D 3761	경질 폴리염화비닐 라이닝 강관	1988.11.29	
KS B 1508	수도용 주름마디 스테인리스 강관	2003.06.30	2013.12.30
KS M 3408	수도용 폴리에틸렌관	2004.12.28	
KS M 3370	불포화 폴리에스테르 수지 유리섬유 강화 플라스틱 배관	2005.09.30	
KS D ISO 8179	덕타일 주철관(외부 아연 코팅)	2006.10.25	2013.12.30
KS D 9536	스테인리스 라인드 강관	2011.03.29	

(출처: 나라표준인증 2023)

수도법에 따라 강제인증 실시

국내 수도시설 중 물에 접촉하는 수도용 자재나 제품들은 '수도법 제14조'에 따라 위생안전기준에 맞는지에 대한 검증이 필요하고, 이에 대해 인증(KC)을 받아야 하는 강제인증이다. 법으로 강제하는 목적은 위생상의 안전성을 확보하고 수돗물의 2차 오염을 사전에 차단하여 국민들에게 안전한 수돗물이 공급될 수 있는 기반을 마련하기 위함이라 공시하고 있으며, 그 제품은 대표적으로 수도관, 밸브, 수도꼭지 등

물과 접촉하는 모든 수도용 자재가 대상이다.

인증제도는 2011년 5월부터 시작되었으며 중금속, 유기화합물 등 45종에 대해 용출허용기준을 공표했고 현재까지 10년 이상 시행되고 있다. 또한 주철, 스테인리스, 폴리염화비닐 등 자재의 재질에 따라 구분하고 용출항목을 차별화하여 관리하고 있다.

한국물기술인증원은 이러한 제도를 관리하는 인증기관으로서 2년마다 정기검사를 진행하며 제품의 용출허용기준을 검증할 뿐만 아니라 자재관리, 공정관리, 제품관리 등 공정에 따라 자재 및 제품이 생산되는지 함께 평가하며 이에 합격한 제품은 인증을 부여하고, 인증기관의 홈페이지에 등록되어 누구나 확인이 가능하도록 시행하고 있다.

국내에서 생산되는 제품과 더불어, 해외 공장에서 생산된 자재가 국내 수도용 자재로 수입되어 사용될 경우에도 해당 제도 범주 안에 있어 동일한 관리를 받고 있다.

관종에 따라 파손율에 차이 있다

다음은 스티븐 폴크만(Steven Folkman) 미국 유타주립대학교 기계우주항공공학과 교수가 세계 환경의 날 특집으로 진행한 2019년 〈상하수도 관리 선진화 & 물산업 세계화 전략 세미나〉에서 발표한 내용의 일부이다.

미국·캐나다의 상수관 파손율 조사

2009년 미국의 토목공학협회는 미국 내 음용수용 상하수 인프라에 'D-'라는 점수를 주었고, 이 점수는 2017년 'D'로 한 단계 상승했다. 점수만 놓고 보면 매우 낮은 수준이나, 한편으로 이는 미국 내 음용수 인프라 상태가 점차 개선되고 있음을 짐작케 한다.

실제로 이를 명확히 알아보고자 2012년 유타대는 미국과 캐나다에 시공되어 있는 주요 상수관의 파손율에 대한 연구를 진행, 이 연구에서 PVC 파이프가 가장 낮은 파손율을 보인다는 사실을 밝혀냈다. 이후 2017년 유타대는 2012년에 수행한 조사를 동일한 방식으로 다시 실시했고, 2018년에 이에 대한 연구결과를 발표했다.

2018년의 연구는 미국 50개 주 중 48개 주, 캐나다 10개 주 중 7개 주를 대상지역으로 했으며, 이들 지역에 시공된 상수관의 13%에 해당하는 274,504km(170,569마일)를 조사했다.

상수관 파손율에 대한 데이터는 지역 내 수돗물 공급업체(유틸리티)에 요청해 받았다. 이 연구는 미국과 캐나다에서 진행된 상수관 조사 중 역대 최대 규모이다.

먼저 조사지역에 시공되어 있는 상수관의 재질을 조사한 결과, 회주철관(28%), 덕타일 주철관(28%), PVC관(22%), 석면시멘트관(13%) 등 4개 재질의 관이 전체 상수관의 91%에 달하는 것으로 조사됐다. 이 밖에 흄관이 3%, 강관이 3%, 기타(HDPE관 포함) 0.8% 등을 차지했다.

또한 상수관의 파손율은 재질과 관련이 있고 상수관 파손율의 정확도는 조사된 상수관의 총연장과 관련이 있는 것으로 나타났다. 예를 들어 흄관과 강관은 각각 전체 상수관의 3%를 차지하는 것으로 나타났는데, 이 경우 이들 파손율의 정확도는 타 상수관에 비해 낮다고 이해하면 된다.

상수관의 수명 조사에서는 20년 이상 50년 미만인 것이 전체의 43%로 2012년 연구결과와 동일하게 나타났다. 이어 △50년 이상 28%, △10년 이상 20년 미만 18%, △10년 미만 11% 순이었다. 특히 시공된 지 50년이 넘은 상수관의 비율은 2012년(22%)보다 다소 늘었는데, 이는 고령화된 상수관의 교체율이 낮다는 것을 의미한다.

노후 관 중에서는 회주철관(20%), 석면시멘트관(5%) 순으로 나타나 회주철관과 석면시멘트관의 교체가 시급한 것으로 조사됐다. 반면 최근 10년간 가장 많이 시공된 상수관은 덕타일 주철관과 PVC관이었다.

연구 결과, 2012년 대비 2018년 조사에서 전체 파손율은 약 27% 증가한 것으로 나타났다. 특히 석면시멘트관과 회주철관의 파손율 증가율이 각각 46%, 43%로 높게 나타나 이것이 전체 파손율 증가에 영향을 미친 것으로 분석된다. 파손율의 증가는 상수관 인프라의 품질이 퇴보했다는 것을 보여 주는 결정적인 증거이므로 석면시멘트관과 회주철관의 효용은 이제 한계에 다다랐다. 이 연구결과를 보고 수돗물 공급업체들은 미래에 석면시멘트관과 회주철관의 교체공사를 계획할 수 있다.

또한 덕타일 주철관의 파손율은 2012년 4.9%에서 2018년 5.5%로 약 13% 증가했으며, 흄관과 강관의 파손율은 각각 43%, 44%로 대폭

감소했다. 다만 흄관과 강관의 경우 표본데이터가 워낙에 작아 정확도
는 떨어진다.

2012년과 2018년 조사 모두에서 가장 낮은 파손율을 보인 관은
PVC관이다. 2012년에 2.6%, 2018년에 2.3%로 파손율은 꾸준히 감소
했다.

지역적으로는 부식성이 강한 토양환경을 가진 캐나다에서 회주철
관과 덕타일 주철관의 파손율이 높게 나타났다. PVC관의 파손율은 미
국이 캐나다에 비해 전반적으로 높았는데, 이는 PVC관을 시공한 역
사가 짧아 시공방법에 대한 노하우가 부족한 데 따른 결과라고 판단된
다. 석면시멘트관의 파손율은 캘리포니아주에서 전반적으로 높게 나
타났다. 캘리포니아에 시공된 석면시멘트관의 비율이 40% 이상으로
압도적으로 높은 데다, 연수도 오래됐기 때문이다.

(출처: 워터저널 2019년 6월호 '미국 물산업의 인프라 현황')

상수관 교체 문제 점차 심화 전망

미 토목공학협회 연구와는 달리 미국과 캐나다의 상수관 인프라
상태는 개선되지 않고 있다. 지난 6년간 상수관의 파손율은 약 27% 증
가했으며, 특히 회주철관과 석면시멘트관의 파손율은 40% 이상 증가
했다. 또한 시공된 지 50년 이상 된 노후 상수관의 비율이 늘고 있다.

상수관의 일반적인 하자 발생 시기가 시공 후 50년이라는 점을 감
안할 때 교체가 시급함에도 불구하고 상수관 교체율은 연간 0.8%에
불과하여 전체 관망을 교체하려면 125년이 걸리는 실정이다. 머지않

아 수돗물 공급사들은 교체율 개선과 관련해 더 극심한 압박을 받게 될 것이다.

누수와 파손 문제는 부식성 토양에 따른 부식에 의한 파손이 주요 원인이다. 따라서 앞으로 수돗물 공급업체들은 상수관 시공 시 토양의 부식성을 고려해야 한다. 부식에 취약한 재질의 관 사용을 지양하고 이를 대체할 수 있는 관 재질을 고려한다면 파손 감소는 물론 비용 절감 효과도 거둘 수 있다.

5

녹물, 적수 이제 아웃!

붉은 수돗물 사태

2019년 7월 2일 여의도 국회의원회관에서는 '노후 상수도 문제와 해결방안'을 주제로 〈붉은 수돗물 사태 긴급토론회〉가 개최되었다. 같은 해 5월 30일 인천 서구에서 발생한 '붉은 수돗물(赤水)' 사태와 6월 19일 서울 영등포구 문래동 수돗물에서 나온 혼탁수(混濁水) 사태의 원인을 살펴보고 그 해결방안을 모색하기 위한 자리였다.

이날 긴급토론회에서는 "수돗물 정책의 대대적인 혁신이 시급하다는 것"에 참석자 대부분이 공감했는데 전국적으로 재발할 수 있는 사태를 철저히 방지하고 더 나은 수돗물 서비스를 위해 무엇보다 수돗물 공급에 대한 모두의 인식과 시각을 전환해야 한다는 것에 중론이 모아졌다. 수돗물 공급 목표를 '깨끗한 물'에서 '건강한 수돗물'로 바꾸고 수돗물 공급 시설의 운영과 유지관리를 어떤 방법으로 진행해 나갈지 제시해야 한다는 것이다.

이 자리에서는 노후 관에 대한 획기적인 대처가 필요하다는 내용도 발표되었다. 중점적인 주제는 현재 20년 또는 30년으로 되어 있는 노후 관을 단순히 교체만 할 것인지, 어떻게 하면 선진국과 같이 노후관 갱생을 보다 적극적으로 추진하여 단기간 내 우수한 관망을 유지해 나갈 수 있을지, 평상시 또는 비상시 노후 관 또는 신설 관에 대한 점검과 유지관리를 얼마나 구체적으로 해 나갈 것인지 등 효율적인 방안을 제대로 제시해야 한다는 것이다. 이를 위해 제도의 정비, 투자의 활성화 또는 효율화 방안의 적극적인 실행이 필요하다는 의견도 제시되었다.

또한 수돗물 인프라 시설의 개·보수, 대체, 운영·관리, 수돗물 수질 개선, 대시민 서비스 개선을 위해 필요한 투자를 꾸준히 해 나갈 수 있는 기반을 구축해 나가야 하며 필요한 시설의 구비 없이는 완벽한 수돗물 서비스를 이뤄 나갈 수 없다는 것에 중론이 모아졌다.

국내 상수관로,
시급히 해결해야 할 문제는?

특히 이 자리에서 구자용 서울시립대 환경공학부 교수는 국내 상수관로의 문제점은 크게 △상수관로 사고 증가 △노후 상수관로 누적에 따른 유지관리 비용 및 개량 비용 증가 △지방상수도 현대화사업의 한계 등으로 구분된다고 발표했다.

상수관로 사고 증가 문제

전국적으로 노후 상수관로에서 발생하는 누수를 비롯 적수와 청수, 백수 사고를 보면 점차 피해규모와 빈도가 증가하고 있는데, 2019년 6월 인천 서구·영종 지역에서 발생한 적수 문제 역시 인천 시민에게 막대한 피해를 불러일으켰고 수돗물에 대한 신뢰도 또한 떨어뜨렸다는 것이다.

노후 상수관로 누적에 따른 비용 증가 문제

상수관로가 노후화될수록 유지관리에 필요한 비용은 점차 증가하게 되는데 10년 미만의 신규 상수관로의 단위연장당 유지관리 비용은 연간 7,236,000원/km인 반면 30년 이상의 노후 상수관로의 단위연장당 유지관리 비용은 연간 23,513,000원/km로 약 3.25배 차이가 난다. 또한 이러한 차이의 원인은 관로진단과 유지관리 시 소요인원 증가에 의한 것으로 판단된다는 것이었다.

노후 상수관로의 적정 개량 시기를 놓칠 경우 관로 개량 비용도 노후화된 관로 연장 누적 및 물가상승률로 인해 기하급수적으로 증가할 것으로 예상된다. 2013년 기준 18조9천억 원이었던 것이 2030년이 되면 51조8천억 원으로 약 2.74배 증가할 전망이라는 것이다.

지방상수도 현대화사업 확대 필요

아울러 2017년부터 진행 중인 지방상수도 현대화사업은 일부 소규모 지방 상수도를 대상으로 우선 적용되었으므로 사업대상으로 반영되지 못한 전국 노후 상수도시설로 확대 적용이 필요하다는 내용이 발표되면서 참가자들에게 커다란 반향을 일으켰다.

6

첨단기술을 활용한 '스마트 물관리' 시스템

양적 성장에서 질적 성장으로

세계 어느 나라에서도 찾아볼 수 없는 '한강의 기적'이라 불렸던 한국의 초고속 성장과 놀라운 발전은 세계인의 관심과 주목을 받기에 충분했다. 그리고 사회 각 분야에 걸친 발전 중에서도 유독 주목받는 것 중 하나는 바로 한국의 상하수도 시스템이다.

구한말을 지나 일제강점기 시대에도 한국의 수도사업은 발전해 왔다. 광복 이후 6·25 한국전쟁은 이제 막 체계를 갖추기 시작한 한국의 수도사업 환경에 암울한 그림자를 드리웠지만 이 땅에 현대식 수도시설이 들어온 지 100여 년 만에 한국은 세계 그 어느 나라와 견주어도 손색이 없을 만큼 눈부신 상수도 시스템을 탄생시켰다.

그러나 초고속 경제성장의 이면에 잠재되어 있던 환경오염과 수질 악화 문제가 연달아 터지면서 이제 양적 성장이 아닌 질적인 성장 그리고 나아가 건강하고 안전한 물을 요구하는 목소리가 등장하게 되었다. 눈에 보이지 않아 안심하고 간과했던 상하수도 문제는 1991년 페놀 오염 사건으로 국민적 관심사로 떠오르게 되었고 단순히 상수도 보급률 향상 및 공급 확대가 아닌 G7 선진국의 위상과 면모에 맞는 삶의 질을 누려야 한다는 목소리도 나오기 시작했다.

인공지능·정보통신기술 이용한 미래형 관리체계 도입

이 같은 사회적 요구에 따라 '언제 어디서든 깨끗하고 안전한 물을 공급'받는 '스마트 물관리(Smart Water Management, SWM)' 시스템이 도입되고 있다. '스마트 물관리'는 취수원에서 수도꼭지까지 언제 어디서든 깨끗하고 안전한 물을 공급하는 것으로, 취수원에서 수도꼭지까지 물 공급 모든 과정에 첨단 정보통신기술을 접목한 미래 물 관리 체계를 말한다. 또한 대규모 수도사고 방지를 위해 광역상수도를 공급하는 모든 과정에 인공지능(AI)과 정보통신기술(ICT) 기반의 실시간 감시·제어 체계를 구축한다는 것이다.

이를 위해 취수원부터 가정의 수도꼭지까지 수량과 수질을 관리하는 통합관제시스템과 원격누수감지센서, 스마트 수도미터 등을 추진하고 있으며, 이미 스마트폰 앱과 공공장소에 설치된 수질 전광판을 통해 최신 수질정보를 확인할 수 있도록 설비되어 있다. 또한 인공지능, 빅데이터를 기반으로 한 자율운영 정수장도 진행 중이다.

자율운영 정수장

AI가 빅데이터를 기반으로 정수장을 자율적으로 운영한다는 취지로 추진되고 있는 스마트정수장은 인공지능과 빅데이터를 기반으로 최적의 운영방안을 찾아 자율적으로 운영하며 시설의 이상징후도 스스로 발견하는 미래형 정수장을 말한다. AI 기반의 빅데이터 분석 예측을 통해 정수처리 전 공정을 자율운영하고, 실시간 전력사용량 측정 진단을 통한 에너지 최적 관리, ICT 기반 설비상태 자율진단, 실시간 감시영상 분석을 통한 안전관리 강화 등 인공지능을 통해 수돗물 공급 안정성을 한층 강화시킨다는 것이다.

또한, 자율운영을 통한 스마트 에너지관리로 연간 9,600tCO$_2$의 탄소 배출을 저감할 수 있는데 이는 매년 소나무 1,455,000그루*를 심는 것과 같은 효과이다.

디지털 트윈 시스템

한편, 광역상수도를 관리하는 K-water는 '디지털 트윈' 시스템도 도

---

* 산출 근거: 전력절감량(21GWh)×탄소배출계수(0.4594tCO$_2$/MWh)×소나무 30년생 CO$_2$ 흡수량(6.6kg/CO$_2$)

입하고 있다. '디지털 트윈'이란 인공지능, 빅데이터, AR·VR 등 4차 산업혁명 기술을 활용해 자산 관리, AI 분석결과와 연계한 데이터 통합관리, 가상·증강현실과 시뮬레이션 등을 통해 종합적이고 과학적으로 수도시설을 운영·관리하는 플랫폼을 말한다.

디지털 트윈을 활용하면 가상세계에 현실 속 사물의 쌍둥이를 만들고, 현실에서 발생할 수 있는 상황을 가상세계에서 모의실험(시뮬레이션)하여 결과를 예측함으로써 돌발사고 최소화, 상수도 자산 최적화, 수돗물 공급 안정성 증대 등의 효과를 얻을 수 있게 된다.

미래형 수도 분산형 물공급 시스템

그 외에도 정수처리시설을 소비자 가까이 분산하는 '미래형 수도 분산형 물공급 시스템'은 현재 정수장에 집중된 정수처리시설을 소비자 가까이 분산하여 설치하는 것으로 노후 수도시설을 교체하는 데 필요한 예산과 인력을 절약할 수 있다.

위에서 살펴본 것처럼 이제 우리 사회에서도 '물관리 시스템'에 있어서 양적인 성장뿐 아니라 수준 높은 삶도 동시에 누려야 한다는 국민적 시각이 상하수도 관리의 성장 발전으로 확산되고 있는 것이다.

7
21세기 '블루 골드'로
떠오르는 미래의 물

사우디의 미래 도시,
네옴 시티

사우디에서 추진하고 있는 '네옴 시티(Neom City)'는 지구와 인류의
미래를 말할 때 종종 등장하는 중요한 화젯거리이다. 홍해와 인접한
사막과 산악지대에 최첨단 도시를 구축하는 초대형 인프라 건설 프로
젝트로, 사우디에서 추진 중인 야심 찬 미래 구상이다.

산유국으로서 국가의 석유 의존도를 줄이고 경제구조를 다각화한
다는 취지로 출발한 네옴 시티는 인간이 상상할 수 있는 모든 것을 동
원하여 구현시킨다는 장기 프로젝트인데 네옴 시티의 성공 여부는 결
국 물에 달려 있다고 해도 과언이 아니다.

네옴 시티의 성공은 물과 직결되어 있다는 사실을 인식하고 있는 사우디에서는 글로벌 농업기술회사인 네덜란드 원예기업 반 데르 호에벤(Van Der Hoeven)과 함께 사막 한가운데서 농산물을 생산한다는 전략을 세웠다. 신도시 네옴 외곽에 지어지는 원예 오아시스의 규모는 축구장 15개 크기에 달하며 이곳에서 두 개의 시험 시설이 진행되는 프로젝트이다.

이로써 사우디는 세계 두 번째 농업 수출국인 네덜란드의 선진 온실과 수직농업 기술을 도입할 수 있게 되었다. 네옴 시티의 성공을 위해서는 무엇보다 수백만 명을 먹여 살릴 수 있는 식량안보를 확보하는 것이 중요하다는 것을 간파한 사우디 정부의 전략적 제휴인 것이다.

21세기는 물의 시대가 될 것

일찍이 미래학자 앨빈 토플러는 "20세기가 블랙 골드(Black Gold: 석유)의 시대였다면 21세기는 블루 골드(Blue Gold: 물)의 시대가 될 것"이라고 말한 바 있다. 극심한 기후변화로 홍수뿐 아니라 가뭄과 물 부족이 인류 생존을 위협하고 있는 지금, 물이 '블랙 골드'를 넘어서는 최고 가치를 지닌 '블루 골드'가 되는 것은 시간 문제라고 할 수 있다.

인류의 역사를 창조해 냈던 고대문명의 눈부신 발전사를 이어받아 이제 미래 사회 흥망성쇠의 중심에 서 있는 물의 효율적이고 경제적인 관리와 활용법은 새로운 미래를 준비하는 우리에게 주어진 몫이다. 물 산업 육성이 대한민국의 지속 가능한 발전을 위한 필수 과제인 이유가 바로 여기에 있고, 물의 절대적인 가치를 연구하는 새로운 시도는 공간과 시대를 뛰어넘어 전 세계적인 관심사로 떠오르고 있다.

미국 경제 전문지《포춘(Fortune)》에 따르면 20세기 산업의 원동력이었던 석유는 21세기 들어 자원고갈과 환경파괴를 접하며 그 힘이 쇠퇴할 것이고, "21세기는 물의 시대"가 될 것이라고 내다봤다. 아울러 21세기에는 물 산업이 석유 산업을 추월하게 될 것이라는 전망도 내놨다.

인구 증가, 수질 오염, 기후 변화에 따른 물 부족 심화 등으로 물 산업의 성장 속도는 날로 빨라지고 있다. 영국의 물 전문 연구기관인 '글로벌 워터 인텔리전스(GWI)'에 따르면 세계 물 시장은 연평균 6.5퍼센트씩 성장하여 2025년 8,650억 달러(1,038조 원)로 증대될 것이라는 전망이다.

경제협력개발기구(OECD)도 2025년에 전 세계 물 산업의 시장규모가 1천조 원을 넘어설 것으로 예상하고 있다. 물 산업이 21세기를 선도할 '블루 골드' 산업으로 떠오른 이유도 여기에 있다.

물 산업 육성을 위한 각국의 노력

물 산업은 플랜트, 화학, 소재 산업 등 관련 산업에도 상당한 파급효과를 지닌다. 또한 전기, 가스, 통신, 교통 등 다양한 지역 공공서비스 분야와 접목해 종합 서비스산업으로 발전하고 있다.

프랑스의 물 관리 전문업체인 베올리아의 경우 수도 공급 회사로 출발하여 물 처리, 운송, 에너지 공급, 건설, 폐기물 처리 등을 아우르는 복합기업으로 성장했다. 한 가지 주목할 만한 점은 물 시장에 튼튼하게 뿌리내린 세계적인 물 기업들은 토털 솔루션 서비스를 제공한다는 공통점을 갖고 있는데 물 관련 컨설팅부터 건설, 에너지 공급, 금융투자, 사후관리까지 모든 것을 책임지고 있다.

한편, 세계 각국에서는 물 시장을 선점하려고 기업에 대한 지원을 아끼지 않고 있다는 점도 주목할 만한 점이다. 프랑스는 1870년대부터 자국 상하수도시설을 통합·광역화하고 물 시장을 민간에 개방했다. 프랑스 기업들은 이를 통해 쌓은 다채로운 경험을 발판으로 세계시장을 주도하고 있다. 싱가포르는 자국 기업을 키우기 위해 물 산업 프로젝트에 반드시 자국 기업을 참여시킨다. 중국은 자국 물 산업을 보호할 목적으로 외국자본 참여를 50퍼센트 이내로 제한한다.

이렇듯 물의 절대적인 가치를 연구하는 새로운 시도는 시대와 국경을 뛰어넘어 전 세계적인 관심사로 떠오르고 있다. 우리 정부도 최근 물 산업 육성전략을 마련해 본격적인 지원에 나섰다. 물 산업 육성전략은 물 산업 경쟁력 강화를 위해 기술개발과 상용화를 지원하고, 물 전문기업이 공공기관과 협력함으로 서비스를 제공할 수 있는 여건을 만들고, 기업의 해외진출을 돕는 것을 주요 내용으로 하고 있다.

현인환 단국대 토목환경공학과 교수는 "정부의 물 산업 육성전략이 우리 기업들의 세계시장 진출에 기폭제 구실을 할 것으로 본다"면서 "다만 관련 기업들도 시장 정보를 수집하고 해외진출을 원활히 할 수 있도록 돕는 전담 조직이 만들어져 체계적으로 지원한다면 우리의 물 산업 경쟁력이 크게 향상될 것"이라고 조언했다.

　최승일 고려대학교 환경시스템공학과 교수는 "우리나라의 물 기업은 대부분 중소기업이어서 독자적으로 해외진출을 하기 어려우므로 초기에는 정부가 해외진출에 필요한 금융, 정보, 네트워크 등을 지원하여야 할 것"이라고 하며 K-water와 함께 해외진출의 생태계를 구축하는 것도 바람직하고 국제적 경험을 지닌 컨설턴트와 엔지니어링사의 육성도 반드시 필요하다고 덧붙였다.

5장

세계의 물 관리법과 안전한 물의 조건

"깨끗한 물을 어떻게 전달할 것인가"

| 물 관리의 미래를 내다보는 전문가 의견

앞에서 살펴본 것처럼 물은 몇 단계의 과정을 거쳐 믿고 사용할 수 있는 안전한 물로 우리에게 전달되고 있다. 하천으로부터 정수되어 우리의 식탁으로 올라오기까지 물은 쉼없는 여행을 하게 된다.

안전하게 정수된 물을 사용하기까지 물이 공급되는 운송수단인 배관의 중요성은 아무리 강조해도 지나침이 없다. 이번 장에서는 깨끗한 취수원에서 모아진 물이 믿을 수 있는 수도관을 통해 안전하게 전달되기까지 배달 통로인 배관의 중요성과 필요성, 그리고 수질 관리에 관한 전문가의 의견을 들어 본다.

수도관은 수도 시스템에서 매우 중요한 역할을 하고 있다. 수도 시스템을 통하여 공급되는 수돗물의 질은 인간의 건강과 수명과 긴밀하게 연관되어 있다. 파이프 내 장기간의 수돗물 정체와 이동거리는 물의 물리화학적 및 미생물학적 품질에 영향을 미칠 수 있으며 수도관 재질이나 성능에 따라 결정되는 중요한 변수이다.

문화와 환경과 생활의 특성에 따라 사람이 있고 생활이 있는 곳이면 그 어느 곳에서든지 함께 존재하는 배관의 경각심과 중요성이 점점 부각되고 있는 지금 학문적 관점에서 바라보는 수자원 분야 전문가들의 견해를 들어 보도록 한다.

1

[물의 재발견, 수도관의 재발견]
수돗물 그리고 상수관망의 발전 방향

-현인환 단국대 토목환경공학과 명예교수, 물과 환경연구소 소장

상수도관망 시설은 안전한 정수를 최종적으로 시민에게 공급해 주어 시민들의 삶을 편리하고 쾌적하게 해주는 도시기반시설이다. 수도관이 정수장에서부터 각 가정까지 연결되어 있기 때문에, 가게에서 1리터에 몇 백 원 이상을 지불해야 살 수 있는 먹는 물을 상수도를 이용하면 1,000리터에 몇 백 원에서 몇 천 원 정도의 가격에 운반하는 수고 없이 집에서도 원하는 만큼 충분히 쓸 수 있게 해주고 있다. 이렇듯 송배수 시설은 소비자가 원하는 시간에 원하는 장소에서 필요한 정도의 물을 쉽게 사용할 수 있게 하는 아주 편리한 시설로서 현재까지 이를 대체할 만한 방법이 없을 정도로 중요하게 고려되는 현대 도시의 생명선이다.

최근에는 국민 생활이 질적으로 향상됨에 따라 수도에 대한 시민의 요구가 다양해지고 고급화되어 상수도에 대한 시민의 요구 수준도 가일층 높아지고 있으며 이에 따라 급수 서비스의 질을 현재보다 대폭 높일 수 있도록 여러 가지 방법이 검토되고 있다. 특히, 안전한 수돗물의 공급은 물론 단수 없는 수돗물의 공급을 요구하고 있으며, 따라서 외국에서는 단수 없는 수도를 시민들에게 약속하는 도시가 늘어나고 있다.

우리나라에서도 일부 도시에서 이를 목표로 하는 장래 추진대책을 수립 중에 있는 것으로 알려지고 있다. 단수는 시민들의 경제생활에 직접적인 영향을 줄 뿐만 아니라 도시가 고도화될수록 단수 시 발생할지도 모르는 화재 등의 영향은 더욱 심각해질 것으로 우려되고 있다.

전 세계적으로 기존 공급자 중심의 물 공급 체계는 점차적으로 소비자 중심으로 변화하고 있으며, 소비자의 서비스 요구 수준은 갈수록 증가하고 있다. 최근 발생한 수질 사고, 단수 사고, 수량부족 사고 등에 의해 우리나라의 국민들도 마찬가지로 기존보다 더욱 상향된 상수도 서비스를 요구하고 있다. 이러한 시대의 흐름에 맞추어, 현재의 배수시스템을 고도화시키기 위해서는 종래의 고정개념에서 벗어나 새로운 관점에서 구축할 필요가 있다.

(1) 상수도의 위대한 공헌

상수도의 공헌에 대해서는 많은 자료들이 발표되어 있다. 대부분은 개인들이 상수도의 공헌에 대해 발표한 것이고, 단체나 기관에서 발표한 자료는 많지 않다. 그중에서 미국공학회(National Academy of Engineering)에서는 2003년에 20세기의 마감을 정리하면서 20세기에 미국 시민들에게 공헌한 20가지의 공학기술을 선정하였다. 그중 제1위는 전기 기술이었고, 두 번째는 자동차, 세 번째는 비행기 그리고 상하수도는 네 번째로 미국 시민들에게 공헌한 공학기술이라고 선정하였다.

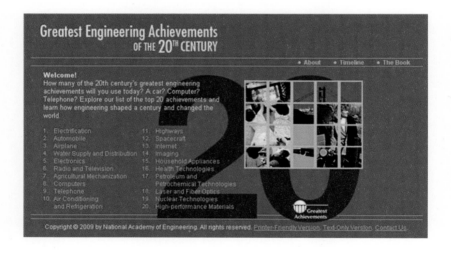

20세기에서의 위대한 공학 분야 업적 : 1. 전기(Electrification) 2. 자동차(Automobile) 3. 비행기(Airplane) 4. 물 공급 및 배수(Water Supply and Distribution) 5. 전자제품(Electronics) 6. 라디오 및 텔레비전(Radio and Television) 7. 농업 기계화(Agricultural Mechanization) 8. 컴퓨터(Computers) 9. 전화(Telephone) 10. 냉난방 및 냉장(Air Conditioning and Refrigeration) 11. 고속도로(Highways) 12. 우주선(Spacecraft) 13. 인터넷(Internet) 14. 이미징(Imaging) 15. 가전제품(Household Appliances) 16. 보건의료 기술(Health Technologies) 17. 석유 및 석유화학 기술(Petroleum and Petrochemical Technologies) 18. 레이저 및 광섬유(Laser and Fiber Optics) 19. 원자력 기술(Nuclear Technologies) 20. 고성능 소재(High-performance materials)

이 보고서에서는 상수도를 20세기에 네 번째로 시민들에게 공헌한 공학기술로 선정한 이유를 다음과 같이 밝히고 있다.

상수도의 수질에 의한 공헌

- 20세기 초에도 장티푸스, 콜레라 등 수인성 전염병이 창궐하였음.
- 장티푸스에 의한 사망자는 과거 매년 10만 명당 150명 이상 발생하였음.
- 이질과 설사는 가장 일반적인 수인성 전염병으로 사망원인의 3순위였음. 20세기에 효과적인 수처리 시스템이 개발되어, 사실상 1940년대에서는 선진 국가에서는 수인성 전염병들을 거의 완전히 제거하였음.

상수도 공급 시스템의 구축에 의한 공헌

- 수처리 시스템과 마찬가지로 중요하게 기여한 것은 송배수 시스템임.
- 멀리 있는 물을 우리 가까이 끌어올 수 있게 하였음.
- 음용수, 생활용수, 관개용수, 산업용수, 소화용수 등을 먼 거리에서 수송하여 편리하게 사용할 수 있게 하였음.

미공학회에서는 상수도의 업적으로 깨끗한 물의 공급에 의해 수인성 질병의 발생을 원천적으로 차단한 공헌을 높게 평가한 것은 당연하지만, 그에 못지않게 생활의 편리함, 화재의 발생으로부터 인간과 도시의 보호 등을 중요한 업적으로 평가하고 있다. 혹자는 현대사회에서 고층건물에 거주할 수 있도록 만든 근간이 되는 기술이 상하수도의 출현에 기인한 것으로 평가하기도 한다. 물론 전기 기술이 발달하여 엘리베이터를 타고 쉽게 몇 십 층에 있는 가정까지 큰 부담 없이 왔다 갔다 할 수 있게 된 것도 중요한 기술이다. 그렇지만 상수도가 공급되기 때문에 수세식 화장실을 사용할 수 있고, 과거에는 5층 정도까지는 엘리베이터가 없는 주거용 또는 상업용 건물들이 많이 있었지만, 수도관이 우리 집, 우리 가게까지 설치되지 않았다면 5층 건물에 거주하는 것은 상상하지도 못하였을 것이다.

이렇듯 상수도는 평소에는 우리가 크게 고마움을 느끼지 못하지만, 단수 등 물 공급이 원활히 되지 못하면 우리가 받는 불편함과 피해는 금액으로 따질 수 없을 정도로 막대한 것이 되고 만다.

(2) 우리나라 상수도의 현황

우리나라의 상수도시설은 그간 급속하게 발전해 왔다.

2021년 12월 말 현재 상수도 보급률은 마을상수도와 소규모 급수시설을 포함하면 전체 인구의 99.4%인 약 5,240만 명이 상수도를 공급받고 있으며, 단기간에 외국에서도 그 전례를 찾기 힘들 정도로 발전해 왔다.

정수장 시설용량은 1일 2,740만m^3, 1인 1일당 평균 급수량은 353L에 이르고 있다. 또한 수도관으로서는 도수관이 3,617km, 송수관이 15,852km, 배수관이 135,154km, 그리고 급수관이 82,078km가 매설되어 있어 관의 총연장은 233,701km이며, 이 매설 길이를 인구당으로 환산하면 급수인구 1인당 4.46m가 매설된 것으로 보고되고 있다. 이 중에서 21년 이상 된 관들은 전체의 35.9%인 83.9천km이며, 31년 이상 된 관도 전체의 14.3%인 33.5천km에 달한다. 특히 대형관인 도수관이나 송수관의 경우, 21년 이상 된 관이 전체의 52.0%, 31년 이상 된 관만 해도 전체의 20.5%에 이르고 있다.

그러나, 이러한 괄목할 만한 발전에도 불구하고 아직도 개선해야 할 분야들이 많은 것도 우리 상수도가 당면하고 있는 문제이기도 하다.

상수도관 문제의 배경과 현황

해마다 대형관이 파열되어 수돗물의 공급이 중단되었다거나, 도로가 침수되었다는 신문기사를 자주 접하게 된다. 수질사고도 드물지 않게 발생하며, 올해에도 인천시를 비롯하여 서울시, 포항시 등에서 노후된 수도관으로 인해 발생한 혼탁수의 수질사고로 먹는 물의 공급이 중단된 사태는 시민들에게 매우 충격적인 사건으로 받아들여지고 있다.

상수관망에서 기인한 수질사고는 과거에도 전국에서 가끔 발생하여 왔으며, 이에 대한 대책이 논의되어 왔고 이런 사고 중의 일부는 언론에도 공개되어 왔다. 그러나 2019년과 2020년에는 적지 않은 지자체에서 대규모의 수질사고가 발생하였다. 2019년에는 주로 상수관망의 관리 문제로 인해 발생한 혼탁수의 유출이 문제가 되어 시민들에게 큰 불편을 야기하였다. 혼탁수의 수돗물 유출 문제가 어느 정도 원인이 규명되고 향후의 대책이 수립되고 있는 사이에, 2020년에는 우리나라에서는 초유의 사건으로 깔따구 유충의 유출 사고가 발생하여 시민들에게 또 다른 문제를 유발하였던 한 해였다.

이런 상수도 수질사고로 인해 상수도의 관리 문제가 현안 사안으로 제기되었고, 시민단체, 전문가 그룹 및 환경부 등 다양한 관점에서 이러한 수질사고를 미연에 방지하기 위한 대책들이 심도 있게 강구되는 계기가 되기도 하였다.

수도관의 노후화에 따른 문제점은 크게 다음 네 가지로 구분될 수 있다.

첫째, 관 파손 : 관 파손은 누수 발생의 문제만이 아니라, 도로 함몰, 도로 침수 등을 유발하며, 대형관일수록, 관내수압이 높을수록 그 위험도는 큰 폭으로 증가한다. 당연히 사고복구까지 상수도의 급수 중단을 야기한다.

둘째, 혼탁수 발생 : 관이 부식되고 있거나, 관내면의 라이닝 재질이 관체와 분리되어 떨어지기 시작하면, 공급되는 수돗물에 혼탁수를 유발시킨다. 또한, 유속이 낮은 곳에서 오랫동안 탁질이 아주 미량이라도 침전하게 되어 오랜 시간 동안 쌓이게 되면 어느 날 이 탁질이 여러 가지 원인에 의해 다시 부상하여 공급되는 수돗물에 포함되고 심각한 수질문제를 일으키게 된다. 2019년에 발생한 인천시와 서울시의 혼탁수 발생 사례는 대표적인 유형인 것으로 판단된다.

셋째, 잔류염소 소모율 증가 : 관내면에 발생한 스케일이나 슬라임은 잔류염소와 반응한다. 따라서 안전한 수돗물을 위해 유지시키는 잔류염소의 소모율이 커져서 관말지역에서는 문제를 유발하기도 한다.

넷째, 손실수두 증가 : 스케일이나 슬라임에 의해 손실수두가 증가하며, 결국 대부분의 시스템에서는 수송에 필요한 에너지를 다량으로 소모하게 한다.

(3) 향후 과제

유수율 제고를 위한 노력

'물 부족', '물 위기'. 이 불안한 용어들은 이제는 웬만한 사람들도 익히 듣고, 쓰는 말이 되어 버렸다. 가뭄에 대한 걱정과 홍수에 대한 두

려움이 되풀이되고, 급기야 우리나라가 물 스트레스 국가로 분류되고 있다는 사실들은 이미 새삼스러운 일이 아니다. 그럼에도 불구하고 가뭄 시에 겪었던 많은 고난과 고민들은 비가 흠뻑 쏟아지기만 하면, 지금까지의 문제는 언제 그랬느냐는 듯 쉽게 잊혀져 버리는 것이 아직은 우리의 현실인 듯싶다.

물의 낭비는 없애야 한다. 가장 애석한 것이 애써 만들어 놓고는 한 번 쓰지도 못하고 그냥 잃어버리는 것이다. 물의 경우도 마찬가지여서 정수장에서 많은 에너지와 비용을 소비하여 만들어 놓고서는 공급하는 도중에 수도관에서 누수되어 버리는 양이 많다거나, 혹은 집에서 물을 사용할 때 쓰지도 않으면서 그냥 흘러내려 버린 양에 대해서 적지 않은 수돗물 값을 지불한다는 것은 참으로 안타까운 일이 아닐 수 없다.

이렇듯 수도관에서의 누수는 귀중한 자원의 손실뿐만 아니라 정수 처리 비용의 상승, 에너지 비용의 증가, 수질오염의 가능성 등을 유발시키는 문제를 갖고 있어 이를 최소화시키는 것은 선진 수도사업에서는 가장 중요한 문제로 되어 있다.

선진국과 개발도상국의 차이를 여러 가지 면에서 비교하고 있다. 수도의 경우에 있어서 선진국의 수도와 개발도상국의 수도의 가장 현저한 차이 중 하나는 누수율이라고 할 수 있다. 이러한 이유로 최근에는 누수율을 해당 국가나 도시의 수도기술 수준을 평가하는 척도로 사용하기도 한다. 실제로 외국의 일부 도시에서는 우리로서는 현재 달성하기가 어렵다고 생각되는 누수율 5% 이하를 목표로 누수율 감소 계획을 추진 중에 있기도 하다.

우리나라의 경우도 최근 물 부족을 해소하기 위한 중요한 대책으로서 '1단계 지방상수도 현대화사업'을 2017년부터 추진하여 시행하고 있다. 그 결과 30~40%의 아주 낮은 유수율을 보였던 지역이 5년 기간의 사업 수행 후 85~90%까지 유수율을 상승시켜 지역의 가뭄 시에도 물 부족 문제를 해소시키는 큰 성과를 나타내고 있다. 이러한 성과를 바탕으로 환경부에서는 2024년부터 새로운 사업으로 '후속 노후 지방상수도 정비사업'을 시작하려고 하고 있어 매우 고무적인 개선방향으로 평가되고 있다.

다만, 유수율 제고 사업은 한 번의 사업으로 장기간 유수율 유지를 보장하는 것은 아니고, 지속적으로 복원되는 누수를 계속적으로 방지하지 않으면 과거로 회귀하는 경향을 보이고 있다. 따라서 유수율 제고 사업은 향후에도 모든 지자체가 가능한 모든 수단을 동원하여 지속적으로 추진하지 않으면 안 된다.

공급계통의 수질관리

공급계통의 수질관리는 향후에 새로운 관점에서 접근해야 할 중요한 문제이다. 2019년의 인천시 수계전환에 의한 수질사고, 서울시 문래동의 수질사고를 유발한 것은 모두 공급계통에서 발생한 문제이다.

공급계통의 수질관리를 위해서 부식이 되지 않는 관 재질을 사용해야 하는 것은 물론이지만, 비내식성 관 재질을 사용했다 하더라도 유속이 낮은 수도관에서는 물 속의 미량물질을 정기적으로 세척해 주지 않으면 수질문제를 유발하게 된다.

　이를 위해서 환경부에서는 2021년 '상수도관망시설 유지관리업무 세부기준'을 발표하였으며, 이 기준에서는 모든 지자체가 최소한 10년에 1회는 상수관망의 세척을 시행하도록 규정하고 있다. 이는 과거에 비해서는 매우 고무적인 정책방향의 수립으로 평가되고 있다.

　플러싱(물 세척)과 관청소(물리적인 기구를 이용한 청소)는 상수도관에서 혼탁수의 발생을 방지하는 효과적인 방법으로 알려지고 있다. 관의 크기가 작은 경우에는 플러싱 방법이 사용되며, 대형관에는 관청소 방법이 사용된다. 플러싱은 소화전이나 퇴수밸브를 이용하기 때문에 비교적 관세척을 수행하기가 쉬워 선진 외국에서는 매년 정기적으로 실시하고 있는 도시가 많이 있다. 우리나라에서도 현재는 10년에 1회 이상의 주기로 관세척을 시행하도록 환경부 기준을 설정하고 있지만, 향후에는 이를 더욱 강화시킬 필요가 있다. 특히, 유속이 아주 낮은 관말지역은 상류에서 유하되는 탁질이 지속적으로 퇴적되고는 있지 않은지 상시 검토하고, 이러한 관로구간에 대해서는 환경부에서 규정하고 있는 최소 주기인 10년보다 훨씬 더 짧은 빈도로 주기적인 플러싱을 실시하는 등 대책을 수립해야 한다.

　다만, 대형관의 관세척 시에는 탁수가 발생할 수 있기 때문에 이때에도 단수 없이 플러싱을 할 수 있도록 관로의 복선화나 이중화에 대한 구축이 사전에 마련될 필요가 있다.

공급계통의 비상시 관리

국민들이 요구하는 안정적인 물 공급과 안전한 물 공급을 위해서는 특히 우발적으로 발생할 수 있는 사고 및 자연 재해·재난에도 소비자에게 안정적인 물 공급, 안전한 물을 공급할 수 있는 시스템, 즉 무단수 공급체계 구축이 필수적이라 할 수 있다.

무단수 공급체계를 구축하기 위해서는 취수원부터 수도꼭지까지 전체 상수도 공급 과정에 대한 현황 파악이 선행되어야 한다. 이는 각 지역 특성에 따라 상수도 공급 시스템의 구축 정도 및 구축 방향이 다르기 때문이다.

취수시설 및 정수시설의 강화를 통해 안정적인 수량, 안전한 수질을 확보하였다 하더라도 수도꼭지까지 단수 없는 수돗물을 공급하기 위해서는 상수도관망에서도 무단수 공급체계를 구축하여야 한다. 우리나라에서는, 일부 도·송수관로의 경우에는 복선화 및 비상연계를 통한 네트워크화를 구축하고 있으나, 현재까지도 대부분의 지역에서는 단일 관 형태로 구성되어 있는 관로구간이 많아 재난 및 사고에 취약한 실정이다. 특히, 도·송수관로 및 배수간선관로는 대구경관으로 구성되어 있어 사고 발생 시 그 파급 영향이 상당하므로 사고를 미연에 방지하기 위하여 도·송수관 및 배수간선관의 보완이 필수적이라 할 수 있다.

배수지의 경우도 원수 수질사고에 따른 정수장의 운전 중지나 송수시설에서 발생한 사고 등과 같은 비상시에도 소비자에게 단수 없이 급수할 수 있는 능력을 보유하고 있어야 한다. 특히, 최근 국내에서도 추진 중에 있는 직결급수 시스템의 도입확대 시 배수지에서 상시 충분한 수량을 보유하고 있어야 하지만 수량의 증가는 체류시간의 증가를 가져와 수질적인 문제를 유발할 수 있다. 그러므로 이와 같은 현안들을 고려한 적정 배수지 용량 산정이 필요한 실정이다.

한편, 상수도 사고 및 재해·재난 등으로 인하여 자체적인 물 공급량 확보가 불가할 경우가 발생할 수 있기 때문에 이를 해결할 수 있는 지방-광역 연계 및 배수지 간 또는 배수블록 간 연계를 통한 비상시 상수도 공급에 관한 필요성이 증가하고 있다.

무단수 체계의 구축을 위해서는 상수관망의 복선화 및 이중화 시설은 필연적으로 갖춰야 할 시설인 것으로 평가되고 있다. 이를 위해서는 기존에 단선 관로로 공급되고 있는 구간들을 면밀히 검토하여 복선화, 이중화 등 관망시스템의 보완이 필수적으로 시행되어야 한다. 모든 관로가 복선화 또는 이중화되면, 대규모의 단수 없는 안정적 물 공급은 물론, 해당 관로의 관세척 및 관로점검 등을 정기적으로 순조롭게 진행시킬 수 있어서 향후 발생할지 모를 관로 사고를 미연에 방지할 수 있는 것이다.

선진 외국에서는 오래전부터 복선화 또는 이중화 시스템을 구축하고 있으며, 이를 위하여 아직도 많은 관로를 신설하여 온 것으로 알려지고 있다. 일본의 경우에도, 무단수 체계를 구축하기 위하여 상수도 관망에서의 복선화, 이중화 사업을 오래전부터 실시하고 있다. 그 결과, 표에서 보듯이 우리나라의 관망길이는 인구당으로 비교하여 일본에 비해 75% 정도만을 보유하고 있는 것으로 나타나고 있다.

바꿔 말하면, 산술적으로는 우리나라가 현재 가지고 있는 관망길이를 30% 이상 더 확충해야만 일본의 지금 수준을 나타낼 것으로 평가되고 있다.

구분	한국	일본	비교(한국/일본)
급수인구(천명)	51,495	122,904	0.42
1인 1일당 급수량(Lpcd)	352.9	325.1	1.09
1인 1일당 유수수량(Lpcd)	302.4	293.3	1.03
전국 평균 유수율(%)	85.9	90.2	0.95
상수관 총연장(km)	222,259	742,734	0.30
도송수관 연장(km)	16,469	53,260	0.31
배수 및 급수관 연장(km)	217,232	689,474	0.32
1인당 총수도관 매설길이(m/인)	4.32	6.04	0.71
1인당 도송수관 매설길이(m/인)	0.32	0.43	0.74
1인당 배급수관 매설길이(m/인)	4.22	5.61	0.75
배수지 저류시간	15.6	19.8	0.79
자료 연도	2021	2021	-

정기적인 관 내부 점검

수도관도 다른 시설과 마찬가지로 설치한 지 수십 년이 지나면 낡아지는 것이 당연한 일이다. 특히, 현재 매설된 관들은 과거 매설 당시의 재료, 시공 방법 및 시공 수준에 의해서 만들어진 것임을 유의해야 한다. 그래서 어느 정도의 기간마다 관 내외부를 정밀 조사하는 정밀

진단이 필요하다.

현행 수도법에서도 상수도관에 대해서 5년에 한 번씩 기술진단을 하도록 규정되어 있다. 그러나 대부분의 경우는 간접평가 또는 시뮬레이션에 의한 평가이고, 실제 수도관의 내외부를 직접 조사하는 경우는 드문 것으로 알려지고 있다. 수백 미터 또는 수 킬로미터의 관로가 전부 노후되어야만 사고나 수질문제가 나타나는 것이 아니라, 그중에 한 지점에서만이라도 문제가 발생하면 파열이나 부식의 문제는 발생된다.

상수도관은 땅속에 매설되어 있고, 수돗물을 공급하기 위해 압력을 가진 물이 계속 흐르고 있기 때문에 정상운영을 하면서 수도관 내부 상태를 정확히 파악하기는 어렵다. 우리나라에서도 배수관망을 블록시스템으로 구성하여 한 구간의 관로를 폐쇄하여 조사 또는 공사하여도 단수 피해가 최소화되도록 노력하고는 있다. 그러나 아직도 많은 관로구간은 이중화가 되지 못하고 있으며, 그 구간을 조사하기 위하여 물을 단수시키면 피해지역이 너무 커지기 때문에, 매설 후 수십 년이 지난 관로도 관의 내부를 조사·점검하지 못하는 형편인 것으로 알려지고 있다.

우리나라도 모든 관을 최소한 20~30년에 한 번은 내부를 조사, 점검하여 필요한 경우 개량할 수 있도록 관망을 정비할 필요가 있다. 관망의 복선화 및 이중화가 되면 단수 없이 관망의 내부점검을 위해 매우 효율적으로 수행할 수 있다.

수도요금의 현실화

우리나라의 상하수도는 OECD 국가 중 다른 선진국과 비교해서 매우 저렴한 가격으로 그 서비스를 시민들에게 공급하고 있다. 상수도 요금 현실화율(투자금액 대비 징수금액)은, 〈상수도통계〉에 의하면, 1997년 말의 69.4%이었다가 물절약 추진 방법의 일환으로도 인식되면서 지속적으로 개선되어 2003년 말에는 89.3%까지 상승하였으나, 2004년 부터는 다시 떨어지기 시작하여 2021년 말에는 72.9%를 나타내게 되었다. 특히 수도요금 현실화율이 100% 이상인 지자체도 여섯 곳이 있으나, 60% 이하인 지자체의 수가 76개 소로서 전체의 47.2%를 차지하고 있고, 더욱이 30% 이하인 지자체는 15개 소로 전체의 9.3%를 차지하고 있다.

어차피 부족한 예산을 지자체에서 보충해 주고 있기 때문에, 상수도요금의 현실화율이 수돗물의 급수서비스 수준의 개선과는 얼핏 관계가 없는 것처럼 보일 수가 있다. 그러나 현실은 그렇지 않은 것이 사실이다. 만일, 부족한 비용을 지자체의 예산으로 충분하게 지원이 된다면 요금 현실화율은 단지 소요되는 재원의 수입원을 어떻게 충당하느냐 하는 문제로 국한할 수 있다. 그러나 밖으로 나타나는 큰 문제가 잠시라도 없어지면, 지자체나 시의회의 입장에서는 시민들이 눈으로 보며 느낄 수 있는 문제들에 관심을 집중시키는 우리의 현실에서는, 생활에 무엇보다 중요한 상하수도임에도 불구하고 당장 효과가 나타나지 않는다는 이유로 인해 이에 대한 투자는 등한시될 수 있기 때문이다.

(4) 맺음말

수도관을 비롯한 공급시스템의 현안 문제를 해결하기 위해서는 현재의 문제를 정확히 진단·평가하고 이러한 정확한 평가를 바탕으로 장기적이고 체계적인 계획이 필요한 것은 당연하다. 이 과업은 많은 시간과 재정투자가 없이는 소기의 성과를 얻을 수 없기 때문에 정부나 해당 지자체의 절대적인 지원과 관심이 필요하다. 일반적으로 그 성과가 바로 나타나지는 않을지 모르지만, 장기적인 관점에서 전체 시스템의 특성을 고려한 합리적인 정비가 없이는 그 목표를 도달하기가 어렵기 때문에 인내심을 갖고 이를 추진하지 않으면 안 된다.

또한, 지금까지는 이런 일들을 하지 않았기 때문에 수도사업의 필요인력을 산출할 때에도 누락되었던 부분이라 할 수 있다. 새롭게 시작하는 관로점검, 개량, 관세척 등을 적절히 수행하기 위해서는 필요한 전문인력의 확보도 매우 중요한 요소이다.

참고 자료

무단수 공급체계 계획 및 운영 매뉴얼, 한국상하수도협회, 2015
문래동 수질사고 백서, 서울특별시 상수도사업본부, 2019
상수도관망시설 유지관리업무 세부기준, 환경부, 2021
상수도통계, 환경부, 2023
인천광역시 상수도혁신위원회 운영보고서, 인천광역시 상수도사업본부, 2019
일본수도통계, 일본수도협회, 2023
Greatest Engineering Achievements of the 20th Century, National Academy of Engineering, USA

2

[21세기 한국의 물 정책과 물이 말하는 메시지]
익숙함에 속아 소중함을 잊지 말자

-최승일 고려대 환경시스템공학과 명예교수

기후변화로 인하여 인류가 가장 부족함을 겪을 세 가지 자원으로 식량(Food), 에너지(Energy), 물(Water)을 꼽고 있다. 그중에서도 물은 대체가 불가능한 자원이고, 물 없이 식량과 에너지의 생산이 가능하지 않다는 점에서 물은 인류의 지속 가능한 발전을 위하여 가장 본질적인 자원으로서 우리가 소중하게 관리해야 하는 자원이다.

안타깝게도 세계의 여러 곳에서 우리가 사용할 수 있는 물은 기후 변화로 인하여 점차 사라지고 있다.

안데스산맥의 만년설은 볼리비아와 페루, 칠레 등 남미의 여러 나라에 수원을 제공해 주고 있었지만 기후변화로 점차 녹아서 금세기 말 전에 완전히 사라질까 우려를 낳고 있다.

한때 서울시의 약 5배에 달하는 3,500km²의 광대한 면적을 자랑하

던 볼리비아의 포포호수는 지난 30년 사이에 완전히 말라붙어 모래사
장이 되었다.

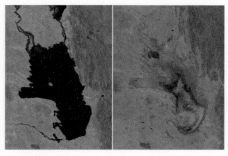

1986년 10월 11일   2016년 1월 16일

미국 지질조사국(USGS) 인공위성이 포착한 볼리비아 포포호수의 모습(출처: USGS · AP/뉴시스)

　　헤밍웨이의 〈킬리만자로의 눈〉에서 눈 속에서 얼어 죽은 표범이
상징적으로 언급되고 있지만 탄자니아의 킬리만자로에는 표범이 얼
어 죽을 눈이 이제는 없다.

킬리만자로의 빙설

갈수록 사라져 가는 물을 잘 관리하고 사용하는 것은 정말 중요하고, 이를 소홀히 하는 나라는 멀지 않은 미래에 생존의 위기에 직면할 수 있음을 자각하여야 한다. 세계에서 사용 가능한 물이 점차 사라지는 위기인데 UN이 정한 '물 부족 국가'라고 회자되고 있는 우리나라는 정작 물 부족을 심각하게 인식하지 못하고 있다. '물 부족 국가'의 분류는 사설 연구기관인 인구행동연구소(Population Action International, PAI)가 전 세계 국가들의 연간 1인 사용 가능한 수량을 기준으로 $1,000m^3$ 미만 국가는 물 기근 국가, $1,000m^3$ 이상 $1,700m^3$ 미만은 물 부족 국가, $1,700m^3$ 이상은 물 풍족 국가로 단순하게 분류한 것에 기인한다. 이 분류에는 각국의 수자원 개발 상황과 사용 상황들은 고려되지 않기 때문에 올바른 분류라고 하기에는 부족함이 많다.

우리나라는 경제 개발 초기 단계인 1960년대부터 꾸준히 수자원 개발을 추진하여 지금은 20개의 다목적 댐, 54개의 생공용수 전용댐, 17,000여 개의 저수지를 가지고 가뭄을 대비하고 관개용수 및 생공용수를 필요한 시기에 필요한 장소로 공급하고 있다. 더하여 지난 60여 년간 꾸준히 수도시설을 확장하여 전 국민의 99.5%가 수도서비스를 받고 있으므로 극한 가뭄이 계속되거나 일부 지역을 제외하고는 물이 부족하다는 인식을 하지 못하고 있다. 그러나 우리나라도 지역적으로는 보길도를 비롯한 남해의 섬들이나 영동지방은 거의 매년 봄에는 물 부족으로 고통받고 있고, 2023년 봄에는 광주 지방이 제한급수 직전까지 가는 위기를 겪었다. 기후변화로 인하여 갈수록 기상이변이 속출하고 있고, 가뭄도 극심해지고 있으므로 우리나라도 결코 안심할 상황은 아닌 것이다.

지금 우리나라와 같이 전 국민의 99.5%가 수도서비스를 받고 있고, 어디서나 수도꼭지만 틀면 맑고 깨끗한 수돗물이 쏟아지는 생활을 하므로 수도서비스가 없는 삶은 어떤 것일지 상상하기가 어렵다. 그러나 수도서비스가 없던 중세에는 호화의 극치라던 베르사유 궁전도 악취가 진동하였고, 목욕을 하지 않았던 귀족들의 몸과 옷에서 나는 악취를 지우기 위하여 향수가 만들어졌다는 것을 생각하면 당시의 위생 수준이 어떠했는지 가히 상상하기 어렵지 않다. 왕족과 귀족이 그런 지경이니 일반 평민들의 생활은 어떠했을지 짐작할 수 있다.

우리나라와 비교하는 것이 적절하지는 않을지 몰라도 물로 인하여 많은 고통을 받는 사람들이 아프리카에 있다. 아프리카의 어린이들과 여성들은 교육을 제대로 받지 못하는 큰 이유 중의 하나가 물을 구하러 하루 종일 걸어야 하기 때문이다. 케냐의 적십자사가 보내온 사진에는 어린이가 모래사막을 파서 고이는 흙탕물을 여러 개의 플라스틱 통에 담는 광경이 있다. 이제 어린이는 다시 그 통들을 끌고 집에 가서

(출처; Kenya Red Cross Society)

모래를 가라앉히고 나오는 탁한 물로 음식을 만들고, 먹는 물로 사용할 것이다.

아프리카의 열악한 수도 상황은 주민들에게 수인성 전염병을 발병시킬 위험과 함께 기생충도 만연하게 한다. 기니아 웜(Guinea Worm)이라는 기생충은 인체로 들어와서 성장해서 성충이 되면 발 피부 밑으로 이동한다. 기생충의 이동으로 피부가 가려워진 사람들이 물 길러 간 웅덩이에 발을 담그면 기생충은 꼬리를 내밀고 산란을 한다. 기생충 알이 퍼진 것을 모르는 사람들은 물을 떠 가서 먹고, 마시고 다시 기생충에 감염된 사람들이 늘어난다. 이 기니아 웜이라는 기생충은 거의 1m에 달한다고 한다. 수도가 보급되지 않은 지역 주민들의 삶의 질은 결코 높다고 할 수 없다.

수돗물이 안 나온다면 요리를 할 수 없고, 빨래를 할 수 없으며, 집 청소도 할 수 없다. 세면과 샤워는 물론 화장실 사용도 불가능하다. 따라서 수돗물의 부재는 우리가 지금 당연히 누리고 있는 삶의 질이 한 순간에 나락으로 떨어질 수 있음을 경고해 주고 있다.

지난 2019년에 인천 수돗물에서 녹물이 나와서 인천시 서구의 주민들이 겪은 불편을 생각하면 쉽게 이해가 될 것이다. 사회의 공중위생도 열악해져서 이질, 콜레라, 페스트와 같은 수인성 전염병도 창궐할 수 있다. 조선시대만 하더라도 수인성 전염병이 발병하면 마을 전체가 고통받고 수많은 사람들이 죽어 가는 일이 드물지 않았다.

세계의 평균 예상수명이 긴 나라와 유아 사망률이 낮은 나라와 상하수도 보급이 잘된 나라가 서로 일치한다. 상하수도의 보급이 이질,

콜레라, 페스트와 같은 수인성 전염병의 창궐을 막고, 음식물 찌꺼기나 배설물들을 신속하게 주변 생활환경으로부터 제거해 주며 공중위생을 높여 주므로 인류의 평균수명을 높여 주는 것이다. 2000년 새 밀레니엄을 맞으며 영국의 의료학회지에는 20세기에 인간에게 가장 공헌한 엔지니어링으로 상하수도의 보급을 꼽았다. 인류의 평균수명을 20년 연장시켰다는 이유이다. 세계보건기구(WHO)도 새 밀레니엄을 맞으면서 "세계의 많은 어린아이들이 여러 종의 치명적인 질병으로 고통을 받고 있다. 그런데 이러한 질병들은 안전하고 충분한 상수도의 공급과 위생적인 하수도 서비스를 통하여 전염경로를 차단함으로써 쉽게 예방될 수 있다"라고 수도의 중요성을 언급하였다.

UN은 인류의 지속가능발전을 위한 목표(Sustainable Development Goal)로 17개를 선정하였는데 그중에 여섯 번째로 놓인 목표가 수도와 하수도의 보급이었다. 여섯 번째로 놓인 목표가 여섯 번째로 중요하다는 것은 아니지만 인류가 지속적으로 발전하기 위해서는 수도의 보급이 꼭 필요하다는 것을 명확하게 제시하고 있다.

UN의 지속가능 발전 목표(출처:UN 홈페이지)

이제 수돗물은 언제 어디서나 수도꼭지만 열면 시원스럽게 터져 나오는 것이 당연한 일상이다. 만약 수돗물 수압이 조금 약하거나 수돗물이 안 나오면 당장 수도사업소에 민원이 쌓인다. 수돗물은 요금도 그리 부담되지도 않는다. 국민 한 사람이 한 달에 집에서 사용하는 물의 양은 평균적으로 6,000리터이고, 2023년 우리나라의 평균 수도요금은 1,000리터에 720.8원이다. 그러니 한 달 내내 마시고, 요리하고, 청소하고, 화장실 사용하고, 세탁하고, 세안과 샤워를 마음껏 해도 한 달에 4,325원이니 커피 한 잔 값 정도이다. 자연히 물을 아무리 아껴 쓴다고 해도 보상되는 비용은 1,000원 내외일 것이니 물을 아껴 사용해야 한다는 의식이 자리 잡기 어렵다. 손쉽게 취득하고, 익숙해지니 지난 세월에 "수돗물이라도 좀 시원스럽게 나와 주었으면…" 하던 우리 어머니들의 소박한 소망이었던 수돗물의 소중함을 모른다. "익숙함에 속아 소중함을 잊지 말자"는 말이 저절로 떠오른다.

그런데 최근에 우려되는 현상은 댐의 물 저장 용량은 한정되어 있지만 물 수요가 크게 늘어나고 있는 것이다. 여러 지자체에서 지방의 하천으로부터 자체적으로 물을 취수하고 정수하여 시민들에게 보급하던 일을 중지하고 광역상수도에 의존하는 경우가 늘어나고 있기 때문이다. 댐을 수원으로 하는 광역상수도에 의존하는 지자체가 늘어나면 댐의 수량이 부족해질 수 있다. 보령댐 부근의 7개 시·군은 광역상수도를 도입하면서 보령댐에 의존하고 있는데 평상시에는 물의 공급에 문제가 없었지만 2015년에 큰 가뭄이 닥쳐서 보령댐 물이 바닥을 드러내자 7개 시·군에는 제한급수가 시행되어 주민들이 많은 고통을 겪었다.

정부는 수도법을 개정하면서 "수도사업자는 … 관할구역 내 취수원 확보 및 보전을 통하여 물 자급률을 향상하기 위하여 노력하여야 한다. (2020.11.27. 시행)"라고 명문화하면서 지자체가 자체 수원을 포기하지 않도록 종용하고 있다. 지자체가 광역상수도에 의존하고 자체 취수장을 포기하면, 이에 따라 상수원보호구역이 폐지되고 음식점, 위락시설들이 난립하면서 수질이 악화되어 결국 사용 가능한 물이 줄어들게 되는 것이다. 극한 가뭄이 닥쳐서 댐의 저수량이 고갈되면 광역상수도에 지나치게 의존하던 지자체들은 제한급수와 단수의 고통을 겪게 될 가능성이 높다.

수돗물이 부족하게 되는 주요한 원인 중의 하나는 수돗물의 누수이다. 수돗물의 누수는 지하에 묻혀 있는 관으로부터 발생된다. 오랜 시간 동안 지하에 묻혀 있는 관은 내부에 녹이 슬고, 관벽이 얇아지면서 점차로 취약해져서 물이 새어 나온다. 지난 10년 동안 관으로 새어 나간 물의 양이 매년 약 8억m³씩으로 추정되고 있다. 매년 8억m³의 물은 우리나라가 건설한 생공용수 전용댐 중 16개 댐으로부터 연간 공급되는 물의 양과 유사하고, 단순히 수도요금으로 환산하면 매년 약 5,500억 원의 물이 새어 나갔다는 것이다. 우리나라는 지난 60여 년간 댐을 건설하면 많은 물을 저장할 수 있는 좋은 위치에 댐을 건설하여서 이제는 댐을 건설하여도 예전같이 많은 물을 저장하기 어렵다. 그런데 16개의 댐으로부터 공급될 만큼의 많은 물을 누수로 지하로 흘려보낸다는 것은 그냥 지나칠 수 없는 낭비이다. 극한 가뭄을 대비해야 하는 정부는 지자체의 누수가 심한 지역을 대상으로 노후 관을 정비하여 누수를 방지하는 '지방상수도 현대화사업'을 시행하고 있다.

1단계는 2024년에 종료되고 2025년부터는 2단계 사업을 시행하고자 추진하고 있다. 누수 방지 사업은 지하에 묻힌 관을 개량하는 작업이므로 고도의 기술과 막대한 비용이 필요하지만 갈수록 심해지는 기상이변의 시대에 국민의 삶의 질에 직결되는 물 복지를 실현하기 위하여 반드시 필요한 사업이므로 차질 없이 진행되는지 관심을 가지고 지켜볼 필요가 있다.

극한 가뭄을 극복하는 좋은 대안 중의 하나는 물의 재이용이다. 사용된 수돗물은 하수구를 통하여 하수처리장으로 모여서 하천의 생태계가 잘 유지될 정도로 처리하여 강으로 방류한다. 이때 처리된 물을 강으로 방류하지 말고 청소용수, 공장용수, 농업용수 등으로 사용할 수 있도록 사용처를 개발하고, 하수처리장으로부터 사용처까지 처리수를 이송하는 관과 필요한 시설을 부설하여 공급하는 것이 물의 재이용의 개념이다. 이러한 물 재이용이 이루어진다면 용수를 위하여 강이나 댐으로부터 취수하는 물의 양이 줄게 되어 가뭄을 대비하고 수생태계를 건강하게 유지할 수 있다.

정부가 정책적으로 물 재이용을 강력하게 권장하고 있으나 수돗물을 재이용하는 비율은 약 15%인 것으로 추계되고 있으며 더 이상 증가하지 못하고 정체되어 있는 실정이다. 이러한 정체의 원인은 상수도 요금이 저렴하여 재이용수 비용이 오히려 고가인 경우가 다수이니 경제성이 없는 것이 첫째 원인이다. 두 번째 원인으로는 재이용수의 수질에 대한 불신으로 농업용수나 생활용수로 사용하기를 꺼리는 시각이다. 결국 값싸고 깨끗한 상수도가 있는데 구태여 저렴하지도 않은 하수를 처리한 물을 사용할 필요가 없다는 것이다. 물론 경제성과 수용성만 따진다면 구태여 재이용수 사용을 확대하려고 노력할 필요는 없을 수 있지만 앞으로 닥칠 극심한 기상이변을 감안한다면 처리수 재이용 시설은 경제성 여부를 떠나 활용을 확대하여야 할 것이다. 특히 하수처리수는 물량이 풍부하고, 시공간적으로 안정된 공급을 할 수 있다는 점이 대체 수자원으로 매우 높은 활용성을 가지고 있다.

'물 부족 국가'의 범주에 들어가는 우리나라는 수자원 개발을 잘하여 물 부족을 일상적으로 느끼지 못하지만, 물을 아껴 사용하고 효율적으로 관리해야 한다는 인식이 무너지면 곧 물 부족에 시달릴 수 있음을 자각하여야 한다. 지금까지는 지하의 관에서 물이 누수되어도 유지관리하는 비용이 고가라고 방치하였고, 수도요금이 물을 재사용하는 비용보다 더 저렴하니 물 재사용 시설 설치를 꺼려 하였다. 그러나 이와 같은 태도로는 기후변화로 예측할 수 없는 기상이변이 발생하는 시기를 헤쳐 나갈 수 없다. "알면 보이나니 그때 보이는 것은 전과 같지 않더라"라는 말과 같이 물에 대해서 알게 되면 '익숙함에 속아 물의 소중함을 잊지 않을' 것이다. 물에 관심을 가져 보자. 물의 소중함을 절실하게 느끼게 될 것이다.

3

[청정 수자원 개발과 세계 각국의 물 관리법]
안전한 수돗물 공급을 위한
글로벌 비전과 한국의 발전 방향

-맹승규 세종대 건설환경공학과 교수

(1) 현대 사회의 물의 중요성과
　　글로벌 전략

　　물은 지구상에서 매우 중요한 역할을 하며, 우리의 삶과 환경에 깊숙이 연결되어 있다. 물은 지구의 기후, 인간 사회, 그리고 자연 환경을 연결하는 중심축이며, 우리 몸의 대부분을 구성하고 있어 생명을 유지하는 데 필수적이다. 실제로 우리 몸의 약 70%가 물로 되어 있으며, 물은 산소를 운반하고 체온을 조절하는 등 중요한 역할을 한다. 물은 단순히 생명을 유지하는 데 필요한 것을 넘어서, 우리 삶의 질을 향상시키는 기본적인 요소이다. 그러나 모든 사람이 필요할 때 언제든지 충분한 물을 이용할 수 있는 것은 아니다. 기후변화는 물 순환에 큰 영향을 주어 물의 사용과 공급에 문제를 일으키며, 이는 인류의 발전과 안전에도 중대한 영향을 미친다. 따라서 지구 온난화와 상수도 관리 시설의 노후화 같은 문제에 대응하기 위해 새로운 방식의 물 관리 전략이 필요한 시점이다.

세계적으로 물 위기가 점점 심화되고 있다. 지난 세기 동안 인구가 두 배로 증가했음에도 불구하고, 물 사용량은 무려 여섯 배나 증가했다. 이는 빠른 도시화, 인구 집중, 그리고 이상 기후로 인한 가뭄과 같은 문제를 더욱 악화시키고 있다. 유네스코는 물 문제를 해결하기 위해 기후변화나 환경 문제와 같이 세계적인 협력과 과학적 접근이 필요하다는 주장을 하고 있으며 2023년 발표한 세계 물 발전 보고서에 따르면, 전 세계 약 20억 명의 사람들이 안전한 식수에 접근할 수 없으며, 36억 명이 안전하게 관리되는 위생시설을 이용할 수 없는 상황이다(UNESCO, 2023). 물 부족은 또한 식량과 에너지 생산에도 영향을 미치며, 대체 에너지원을 위한 물 사용량의 증가는 물 부족 문제를 더욱 심각하게 만들고 있다. 식량과 에너지를 대량으로 수입에 의존하는 국가들은 이러한 변화에 더욱 취약할 수 있다.

물 부족 문제는 단순히 물의 양만의 문제가 아니라, 안전하고 깨끗한 물에 대한 접근성의 문제이기도 하다. '물.org'에 따르면, 전 세계적으로 7억7,100만 명이 안전한 물에 접근할 수 없으며, 이는 전 세계 인구의 약 10분의 1에 해당한다(Water.org, 2023). 안전한 물 접근은 생명을 보호하고, 시간을 절약하며, 교육, 경제 번영, 건강 개선을 도와주는 힘을 가지고 있다.

이러한 상황에서, 유네스코는 글로벌 물 위기를 방지하기 위한 강력한 국제적 메커니즘의 필요성을 강조하며, 물 자원의 스마트한 관리와 보존을 위해 정부, 기업, 과학자, 시민사회, 그리고 공동체를 포함한 다양한 이해관계자들의 협력을 촉구하고 있다. 이는 물이 우리의 공동미래라는 인식하에, 공평하게 공유하고 지속 가능하게 관리하기 위한 행동을 함께해야 한다는 메시지를 전달하고 있다.

우리나라의 연평균 강수량은 1,300mm(1986~2015)로 세계 평균의 1.6배이고 수자원총량은 1,323억m³/년이지만, 높은 인구밀도로 인해 1인당 연강수총량은 연간 2,546m³로 세계 평균의 약 1/6에 불과하다. 1인당 이용 가능한 수자원량은 수자원 부존량에서 증발산 등의 손실량을 제외한 것으로, 국제인구행동연구소(PAI)는 2003년의 연구보고서를 통해 2005년과 2025년 우리나라의 인구와 1인당 가용 수자원량을 예측하였다. 예측 결과 2005년에는 1,453m³, 2025년에는 인구가 52,065,000명으로 10.8% 증가한다는 가정하에서, 가용 수자원량은 1,340m³로 줄어들 것으로 전망하였다. 도서 및 산간 등 일부 지역에서는 가뭄 정도에 따라 약 1.9억m³(5년 빈도 가뭄 시)~4.0억m³(과거 최대 가뭄 시)의 물 부족이 발생할 것으로 전망되었다. 앞으로 국지적으로 발생하는 물 부족에 대처하기 위해 친환경 중소댐 건설, 공공지하수 개발 등 대체 수자원 확보와 기존 노후시설의 개량 및 비상연계체계 구축 등을 적극 추진할 필요가 있다.

물은 지구의 기후, 인간 사회, 자연 환경을 연결하는 생명의 근원이

자 우리 삶의 질을 향상시키는 기본적인 요소이지만, 기후변화와 인구 증가로 인해 전 세계적으로 물 부족 문제가 심화되고 있으며, 이에 대응하기 위해 글로벌 협력과 과학적 접근의 필요성을 강조하고 있다. 특히, 한국은 높은 인구밀도와 제한된 수자원으로 물 부족에 취약하며, 지속 가능한 물 관리를 위한 대체 수자원 및 노후시설 개선과 같은 적극적인 대책이 요구된다.

〈미래의 물 전망에 대한 예측〉

국제인구행동연구소 (PAI: Population Action International, 2003)	오늘날 5억5,000만 명이 물 압박 국가나 물 기근 국가에 살고 있고 2025년까지 24억 명에서 34억 명의 사람들이 물 압박 또는 물 부족 국가에서 살게 될 것임.
세계기상기구(WMO)	2025년 6억5,300만 명 내지 9억400만 명이, 2050년에는 24억3,000만 명이 물 부족을 겪을 것임.
앤더슨 국제식량기구연구소 소장	앞으로 25년 이내에 5개국 중 한 나라가 심각한 물 부족 사태에 직면할 것임.
산드라 포스텔(Sandra Postel) World Watch Institute	향후 30년에 걸쳐 지구상의 인구는 약 24억 명이 더 늘어날 것임. 그런데 식량생산에 필요한 물의 40%만 강에서 가져온다 해도 농업용수가 매년 1,750km³씩 증가해야 하며, 이 양은 대략 20개의 나일강 또는 97개의 콜로라도강의 규모와 맞먹음.

국제원자력연구소 (IAEA, 2002. 3.)	현 추세로라면 2025년 약 27억 명이 담수 부족에 직면. 현재 약 11억 명이 안전한 식수원에 접근하지 못하고, 25억 명이 비위생적인 환경에 놓여 있으며, 500만 명 이상이 수인성 질병으로 사망. 비위생적인 물로 인한 사망자는 전쟁으로 인한 사망자의 10배에 달함.
UN 요하네스버그 정상회담 (2002)	2050년 세계 인구는 90억 명에 이를 전망. 11억 명이 안전한 마실 물 부족에 직면할 것이며, 개발도상국 질병 원인의 10%는 안전한 식수 부족 또는 물 부족에 기인함.
UN 세계 수자원개발 보고서 (2003. 3.)	지구의 1인당 담수 공급량은 앞으로 20년 안에 1/3로 줄어들고 2050년까지 적게는 48개국 20억 명, 많게는 60개국 70억 명이 물 부족을 겪을 것임. 2050년까지 인구는 93억 명으로 늘고, 오염된 담수원 면적은 현재 관개용 수자원 면적의 9배에 달할 것임.
캐나다 회의(캐나다 시민단체) 마우드 발로(2004. 12.)	산유국이 카르텔을 형성하여 석유 자원을 무기화했듯이 머지않아 물이 풍부한 국가들도 그렇게 할 것이라고 전망.
세계경제포럼 수자원 이니셔티브 보고서(2009. 1.)	'수자원 부도(Water Bankruptcy)' 가능성 경고. "이제는 1970년대 석유파동(Oil Shock)이 아니라 물파동(Water Shock)에 대비해야 한다"고 지적.
2030 Water Resources Group Charting Our Water Future(2009)	수자원시설 미확충 시 2030년에는 물 수요의 60%만 충족 가능을 경고.

OECD Environmental Outlook to 2050(2012)	전 세계 인구의 40%가 심한 물 부족을 겪으며 강 유역에서 생활할 것으로 예측함. 전 세계 물 수요는 생산(+400%), 열병합발전(+140%), 가정용(+130%) 수요 증가로 전체 55% 증가 예상. 도시폐수와 농업에서 나오는 영양염류로 대부분의 지역에서 부영양화 심화 및 수생태계 다양성 파괴.
Water And Energy (UN World Water Development Report 2014)	전 세계 물 수요는 2050년이 되면 55%까지 증가할 것으로 예상되어 이로 인해 전 세계 인구 중 40%는 심각한 물 부족을 겪을 것으로 예상되며, 또한 전 세계 대수층의 20%가 과도하게 개발되면서 지하수 공급이 현저히 감소할 것으로 예상.
Global Risks Report 2020 (세계경제포럼)	글로벌 리스크 발생 가능성 측면에서 '기상이변'이 가장 큰 위험요인으로 선정되었고, '물 위기'는 영향력 측면에서 5위로 선정.

(출처: 제28회 세계 물의 날 자료집 〈물과 미래〉, 한국수자원공사 물관리계획처)

(2) 수돗물 품질 혁신: 고도정수처리시설 도입과 무염소 수돗물

한국

우리나라에서는 한층 업그레이드된 수돗물을 공급하고자 '고도정수처리시설' 도입을 오랫동안 준비해 왔고, 현재 여러 광역 및 지방 정수장에서 고도정수처리시설을 도입하였다. 고도정수처리시설은 기존 정수처리 공정에 오존처리와 입상활성탄으로 한 번 더 정화하는 과정을 추가한 것으로, 조류로 인해 발생하는 맛·냄새물질과 소독부산물 등 미량유기물질을 처리할 수 있어 더 안전한 수돗물을 생산하는 시설이다.

고도정수처리시설 설치 전	고도정수처리시설 설치 후
• 기후변화로 인한 녹조 발생 등 원수변화 시 수돗물에서 곰팡이 냄새 발생 • 원수에서 맛·냄새물질, 소독부산물, 농약, 항생제, 미생물 등 발생으로 시민들로부터 수돗물에 대한 불신 초래	• 맛·냄새물질 제거로 물맛 개선 • 녹조 발생 시 공급된 물에서는 지오지민(곰팡이 냄새) 불검출 • 소독부산물, 농약, 항생제, 미생물 등 제거로 건강 안전성 확보 • 기후변화로 인한 녹조 발생 등 원수변화에 선제적 대응 가능

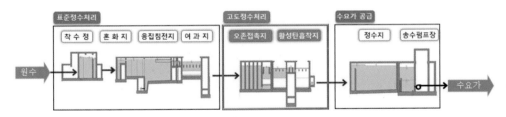

고도정수처리시설 정수 과정(출처: 서울정책 아카이브, 2016)

오존과 입상활성탄을 이용한 고도정수처리 공정 도입

- 오존처리 공정 도입으로 맛·냄새물질, 소독부산물, 미량유기물질 제거
- 입상활성탄 처리 공정 도입으로 맛·냄새물질 흡착 제거

오존처리와 입상활성탄을 사용하는 고도정수처리 방법은 수돗물을 생산하는 데 효과적인 기술이다. 오존은 산소 원자 세 개로 이루어진 강력한 산화제로, 정수 과정에서 맛과 냄새 물질, 그리고 미량유기물질을 분해하여 제거한다. 이를 위해 정수장에서는 액화산소와 오존발생기를 통해 오존을 생산하고 공급한다. 한편, 입상활성탄은 탄소물질을 함유한 석탄이나 목재를 고온에서 탄화시켜 만들며, 미세한 기공 구조와 넓은 표면적 덕분에 수돗물 내 맛과 냄새 물질을 흡착하여 제거하는 데 매우 효과적이다. 입상활성탄은 여과지 내에 충진하여 사용되며, 물을 여과시켜 흡착을 통해 정화한다. 사용된 입상활성탄은 일정 기간 후 재생하여 재사용할 수 있어 경제적이다. 이러한 방법들은 수돗물을 안전하고 깨끗하게 공급하여 시민들의 건강과 위생을 관리하는 데 중요한 역할을 한다.

미국

미국 환경보호청(EPA)의 최신 규정에 따르면, 수돗물 정수처리 과정과 목적이 과거 2000년 이후로 더욱 구체화되고 강화되었다. 특히, 지표수 처리 규정(Surface Water Treatment Rules, SWTRs)은 수질관리를 위

한 다양한 요구사항을 설정하여, 주로 원생동물을 비롯하여 병원균, 중금속, 그리고 소독부산물 등의 위험으로부터 수돗물을 안전하게 만드는 데 중점을 두고 있다. 현재 미국에서는 정수처리 목적으로 소독이 여전히 가장 중요한 요소 중 하나이며, 이는 물 속의 병원균을 제거하여 안전한 수돗물을 제공하기 위함이다. 그 외에도, 철과 망간 제거, 부식 조절, 탁도 및 입자 제거가 포함된다. 특히, 크립토스포리듐(Cryptosporidium)과 같은 병원성 원생동물의 추가적인 처리 요구사항을 충족시키기 위한 규정이 강화되었다.

최근 미국에서는 기존 정수처리에서 제거가 어려운 과불화화합물 제거에 대한 관심이 높아지고 있다. 이러한 난분해성 물질들을 제거하기 위한 다양한 접근방식들이 도입되고 있으며 오존처리와 막여과와 같은 고도의 정수 기술을 적용하여, 더욱 효과적으로 물을 정화하고 있다. 이와 같은 기술 발전은 수돗물의 안전성을 높이고, 다양한 오염원으로부터 물을 보호하는 데 중요한 역할을 하고 있다.

프랑스

메리스와즈(MERY-SUR-OISE) 정수장은 파리 외곽에 위치한 정수처리시설로, 파리를 제외한 수도권 지역에 위치한 144개의 소도시에 식수를 공급하는 핵심 역할을 수행하고 있다. 이 정수장은 세계에서 가장 큰 나노막여과 시스템을 포함한 최신 정수처리 기술을 자랑하고 있다. 이는 고도로 정수된 수돗물을 대규모로 생산할 수 있게 해주며, 일 100만m³의 물을 정수하여 약 400만 명의 시민들에게 공급하고 있다.

주로 사용되는 원수는 센강의 지표수가 95%를 차지하며, 나머지 5%는 지하수에서 취수한다. 메리스와즈 정수장은 특히 하절기에 수요가 증가할 때 중요한 역할을 하고 있다. 하절기 2주 동안은 하루 최대 35만m³의 물이 필요한데, 이는 정수장의 최대 처리 용량과 동일하다. 이는 해당 기간 동안 추가적인 물 공급 여력이 없음을 의미한다.

정수장은 오염된 우아즈(Oise) 강의 물을 처리하기 위해 1980년대부터 오존과 활성탄(GAC) 시스템을 도입했으며, 1999년부터는 더욱 발전된 여과 기술인 MF(정밀여과막)와 NF(나노막) 시스템을 사용하고 있다. 이 정수장은 북부 지역의 식수 공급뿐만 아니라, 관련된 급수 및 배수 관리, 그리고 소비자 관리를 담당하는 여러 기관을 총괄한다.

정수 과정은 막여과 계열과 기존 표준정수처리 계열, 두 가지 주요 부분으로 구성된다. 막여과 계열에서는 하루에 15만m³, 기존 정수처리 계열에서는 하루에 20만m³의 물을 처리한다. 이렇게 처리된 물은 80%와 20%의 비율로 혼합되어 최종적으로 공급된다. 정수처리 과정을 통해 원수의 탁도는 크게 개선되며, 최종적으로 매우 낮은 탁도 수준인 0.02NTU의 물이 생산되고 있다. 이러한 과정을 통해 물 속의 조류로 인한 맛과 냄새 문제도 효과적으로 제거된다. 안전을 위해 염소가 첨가되며, 특히 9·11 테러 이후 안전 조치를 강화하여 염소 주입량을 증가시켰다.

정수장의 운영은 전산화되어 있으며, 원수의 수질 관리부터 관로 유지, 요금 고지에 이르기까지 모든 과정이 체계적으로 관리되고 있다. 또한, 유수율이 90%에 이르는 등 운영 효율성이 매우 높다. 프랑스 파리에 있는 메리스와즈 정수장은 파리를 제외한 수도권 내 144개 소도시가 공동으로 설립한 수도권 수도조합(SEDIF)이 관할하고 있는 3개의 정수장 중 하나로 북부 지역의 용수 공급을 담당하고 있는 정수장으로서 정수처리 분야에서 세계 최대 규모의 나노여과 시스템(Nano-Filtration)을 가지고 있는 최신 정수장이다.

네덜란드

수돗물을 소독하는 방법에는 여러 가지가 있는데, 그중에서도 염소 소독이 가장 대표적이며, 전 세계적으로 이 방법이 가장 많이 차지하고 있다. 그러나 네덜란드와 유럽연합(EU)에서는 수돗물 기준이 비슷함에도 불구하고, 네덜란드는 염소를 사용하지 않는 특별한 방식을 채택하고 있다. 염소 사용 시 발생할 수 있는 단점과 수인성 질병의 위험을 고려하여, 네덜란드는 상수원의 유기물을 관리하고 염소 대신 다른 소독 방법을 사용함으로써 수돗물의 냄새를 줄이고 소비자 만족도를 높이고 있다. 이러한 노력의 일환으로, 네덜란드는 수돗물에 염소 처리를 하지 않기로 결정했다. 네덜란드는 이 방식을 통해 건강한 음용수를 제공하고 국민들에게 올바른 인식을 심어 주려고 노력하고 있으며, 특히 소독부산물로 인한 해를 방지하기 위해 많은 관심을 기울이고 있다.

1974년에는 네덜란드의 화학자 얀 룩(Jan Rook)이 염소가 인체에 해로운 트리할로메탄을 생성할 수 있다는 사실을 밝혀 냈다(Rook, 1974). 이 발견은 네덜란드가 염소를 사용하지 않고도 미생물학적으로 안전한 수돗물을 생산하고 공급할 수 있는 전체 시스템을 점진적으로 도입하는 데 중요한 역할을 했다. 그 결과, 2005년부터 네덜란드는 염소를 전혀 사용하지 않는 수도시스템을 갖추게 되었다. 연구자들은 네덜란드가 이러한 무염소 수도시스템을 성공적으로 구축할 수 있었던 이유를 분석하고 있다. 연구자들(Smeets et al., 2009)은 네덜란드가 무염소 수도시스템을 구축할 수 있었던 배경을 다음과 같이 분석하고 있다.

네덜란드는 상수도 수원의 대부분을 지하수로부터 얻고 있으며, 이는 전체의 약 2/3에 해당한다. 나머지 1/3은 표류수를 사용하고 있는데, 이는 주로 국토의 서부 지역에 위치하고 있다. 역사적으로 오염된 라인강과 뫼즈강 하류에 위치해 있는 네덜란드는 상수원으로 염소를 투입하지 않은 지하수를 사용해 왔다. 이로 인해 네덜란드 국민들은 염소를 사용하지 않는 수도시스템에 대해 큰 저항감이 없다. 염소의 사용에 대한 인식도 중요한 부분이다. 염소를 사용하는 나라들과 비교했을 때 대장균 검출 빈도에 큰 차이가 없음을 발견하였고, 배수 과정에서 오염이 발생하더라도 오염수에 포함된 유기물에 의해 염소가 쉽게 소비되며, 일부 내염소성 세균은 염소 내성이 있어 염소 소독을 통해 제거되지 않고 그 위험성이 남게 되어, 잔류염소의 효과는 배수 과정에서의 재오염 방지에 한정적이라는 판단에 도달했다.

네덜란드는 잔류염소를 대체할 방법으로 세균의 먹이를 제거하여 세균 증식을 억제하는 대안을 개발했다. 이는 세균의 먹이인 AOC (Assimilable Organic Carbon: 동화가능유기탄소)를 제어하기 위해 AOC 지표를 개발하고 AOC 농도를 줄여 배수 과정에서 세균의 재증식을 억제하는 시스템을 구축하는 방식이다. 이 접근법은 배수시스템 내에서 잔류염소가 확실히 세균의 재증식을 억제하는 효과가 있다는 기존의 관념에 대한 혁신적인 대안을 제시했다.

또한, EU의 여러 나라에서 발생한 감염 유행 사례를 조사 및 분석한 결과, 대다수의 감염 유행은 잔류염소가 유지되고 있는 배수시스템에서 발생했으며, 주로 배수 과정에서의 역류, 누수, 저수압 등이 원인이었다. 이러한 분석은 잔류염소가 감염 유행을 방지하기 위해 충분히 역할하지 못한다는 결과를 보여 준다. 이러한 점들을 종합해 보면, 네덜란드는 전통적인 염소 사용에 대한 대안으로서, 치밀한 실증적 연구와 혁신적인 접근을 통해 미생물적으로 안전한 물의 공급을 실현하기 위한 방안을 모색했다. 이는 수질관리 및 공중보건에 있어 중요한 전환점을 제시하는 사례로 볼 수 있다.

(3) 혁신적 다중벽 정수처리 시스템: 무염소 수돗물의 과학

네덜란드에서는 수돗물을 공급할 때 사용하는 표류수를 정수하는 과정은 여러 단계를 겹쳐 놓은 복잡한 시스템을 사용한다. 이런 시스템을 '다중벽 정수처리 시스템'이라고 부르며, 목적은 여러 종류의 오염물질과 화학물질을 제거하고, 미생물을 죽이거나 불활성화시키며, 미생물이 먹이로 삼는 동화가능유기탄소(AOC)의 양을 줄이는 것이다.

다중벽 정수처리 시스템을 사용하는 정수처리 과정은 대략 다음과 같은 순서로 이루어진다:

1. 응집, 침전: 응집제를 이용하여 물 속의 작은 입자들을 큰 덩어리로 만들어 침전을 통해 제거
2. 급속 모래여과: 침전 안 되는 입자들을 모래여과를 통해 추가적으로 정화
3. 사구여과: 모래언덕을 통해 물을 자연적으로 여과(약 50km)
4. 폭기: 물에 공기를 넣어 산화반응을 통해 이물질을 제거(지하수 대상)
5. 급속 모래여과: 다시 한번 모래를 통해 빠르게 물을 여과
6. 오존처리: 오존으로 미량오염물질 및 이취미물질 제거
7. 연수화: 물의 경도를 줄이는 처리(지하수 대상)
8. 입상활성탄: 활성탄 흡착을 통해 미량유기화합물질 제거
9. 완속 모래여과: 물을 천천히 모래를 통과시켜 추가적으로 정화
10. 배수: 최종적으로 정화된 물을 배출

네덜란드 해안지역에서는 자연적으로 형성된 사구를 활용하여 물을 정화하고 있다. 사구 즉 물을 모래언덕에 투입하여 자연 여과 과정을 거친 뒤, 이 물이 운하나 침투지에서 일정 시간 동안 머무르게 하여 높은 효율의 정화 과정을 거친다. 60~400일간 사구에 침투시킨 물은 나중에 집수관을 통해 모아져 고도정수처리 과정을 거치게 한다. 이

모든 과정을 통해 수돗물을 안전하고 깨끗하게 만들어 사용할 수 있게 된다.

이런 방식의 다중벽 정수처리 시스템을 구축한 목적은 다양한 오염물질과 화학물질의 제거나 미생물의 제거·불활성화 및 미생물의 성장에 필요한 동화가능유기탄소(AOC) 농도의 저감을 중요한 목적으로 하고 있다.

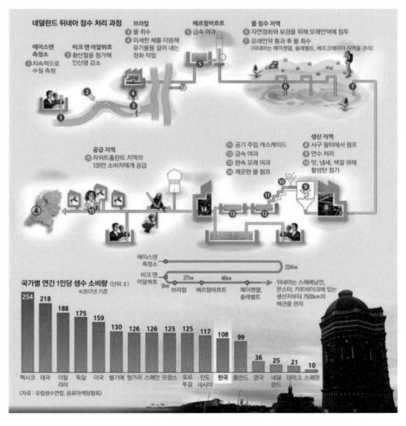

네덜란드 뒤네아(DUNEA) 정수처리 과정
(출처 : 유럽생수연합, 음료마케팅협회)

(4) 첨단 수돗물 관리 시스템:
수도배관 중심의 수질 및 위생 관리

수돗물의 배관 및 관리의 중요성은 공공보건과 직결되는 사안이다. 네덜란드의 사례를 통해 볼 때, 고도로 체계화된 수돗물 관리 시스템은 높은 미생물학적 안정성을 달성하고, 누수를 최소화하여 공중보건을 보호하는 데 핵심적인 역할을 한다. 다음은 수돗물의 배관 및 관리의 중요성을 강조하는 몇 가지 핵심 요소이다.

복잡한 다중벽 정수처리 시스템: 이러한 시스템은 다단계 정화 과정을 통해 수돗물에서 다양한 오염물질을 제거한다. 이는 수돗물이 시민들에게 도달하기 전에 최대한 수질을 유지하도록 보장한다. 동화가능유기탄소(AOC) 관리는 AOC의 농도를 낮게 유지함으로써 물 속 미생물의 증식을 억제한다. 이는 잔류염소 사용을 줄이면서도 수돗물의 안전성을 확보하는 효율적 방법이다. 생물막 형성 방지는, 배관 내부에서의 생물막 형성은 수돗물의 2차 오염을 유발할 수 있다. 네덜란드에서는 생물막 형성 가능성과 속도를 엄격히 테스트하여 이를 최소화하는 데 주력하고 있다. 또한 누수는 미생물과 오염물질이 수돗물로 유입될 수 있는 경로를 제공한다. 적절한 수압 유지, 노후 배관의 교체 및 개선, 고품질의 배관 자재 사용 등을 통해 누수율을 낮추는 것은 중요하다.

우리나라에서 염소 없이 수돗물을 공급하기까지는 시간과 노력이 필요하지만, 기존의 수도 인프라를 활용하고 다양한 방법을 시도한다면, 네덜란드처럼 안전하고 깨끗한 수돗물을 제공할 수 있는 날이 분명히 올 것이다. 현재 우리는 염소를 사용하여 수돗물을 소독하고 있지만, 이는 때때로 물의 맛과 냄새에 영향을 주며, 일부 사람들 사이에서는 건강에 대한 우려도 제기되곤 한다. 이에 대한 대안으로, 네덜란드의 예처럼 자연형 수처리 시스템과 같은 친환경적인 방법들을 탐색하고 적용하는 것이 필요하다. 기존의 수도 인프라를 최대한 활용하면서 동시에 혁신적인 수처리 기술을 도입하는 것은 비용 효율적이면서도 실질적인 개선을 이룰 수 있는 방법이다. 물 관리 시스템에 빅데이터와 IoT 기술을 도입하여 수질을 실시간으로 모니터링하고, 문제를 빠르게 파악하여 대응할 수 있는 체계를 구축하는 것도 중요하다.

이러한 접근방식은 단기간에 이루어질 수 있는 변화는 아니지만, 지속적인 연구와 투자, 그리고 국민들의 이해와 지지를 바탕으로 점진적으로 발전시킬 수 있다. 네덜란드의 사례는 우리에게 염소 없는 수돗물 공급이 가능하다는 희망을 주며, 이를 위한 첫걸음으로 기존 인프라의 현대화와 수처리 기술의 개선이 필수적임을 보여 준다. 결국, 이러한 노력들이 모여 우리나라에서도 언젠가는 염소 없이 안전하고 깨끗한 수돗물을 마실 수 있는 날이 올 것이라고 확신한다.

(5) 글로벌 경험을 통한
지속 가능한 물 관리와 수돗물의 혁신

유럽, 미국 등 선진국에서는 '약품 금지(Chemical Free)'를 목표로 '상수원수 전처리 강화'를 수도 정책으로 채택한 바 있고, 친환경 자연형 수처리 시스템 기술이 활발히 적용되고 있다. 앞서 언급한 네덜란드가 고품질의 수돗물을 공급할 수 있게 된 데는 지역별 식수를 담당하고 있는 수도사업자와 네덜란드 물 연구기관인 KWR은 수돗물의 무염소, 다중벽 정수처리 시스템, 낮은 누수율 등 세 가지를 꼽았다. 서울시의 경우 2013년 이전까지 0.7mg/L 정도의 염소를 투입했으며, 이후에는 0.1~0.3mg/L 이하로 주입량을 줄였다. 프랑스의 경우 염소 주입량은 평상시 0.1mg/L였으나, 9·11 테러 이후 0.3mg/L를 주입하는 등 강화하였다. 미국의 경우 염소 주입량을 0.2~0.5mg/L로 제한하고 있다. 일본(도쿄)의 경우 최소 잔류 농도를 최소 0.1mg/L, 최대 0.4mg/L로 규정하고 있다.

네덜란드의 사례를 통해 우리나라 수돗물의 비전과 발전 방향에 대해 깊이 있게 고민해 볼 필요가 있다는 점을 분명히 알 수 있다. 네덜란드는 자연형 기반 다중벽 정수처리 시스템과 다양한 물 관리 전략을 통해 높은 미생물학적 안정성을 확보하며, 염소 사용을 줄이고, 누수율을 세계 최저 수준으로 유지함으로써 고품질의 수돗물을 제공하고 있다. 이러한 접근은 지속 가능한 물 관리와 공급에 있어서 중요한 사례로 볼 수 있다.

우리나라에서도 수돗물에 대한 불신을 해소하고, 국민들이 안심하고 마실 수 있는 수돗물을 제공하기 위해서는 네덜란드의 사례에서 배울 점이 많다. 특히, 정수기에 대한 과도한 의존 대신 수돗물의 질을 개선하고, 안전성을 높이는 데 필요한 연구와 투자가 지속되어야 한다. 또한, 배관시스템의 현대화와 생물막 형성을 최소화하기 위한 기술적 접근, 누수 방지를 위한 체계적인 관리가 필수적이다. 정수장부터 수도꼭지까지 동일한 수질 유지를 위한 목표로 정수장에서 시민들의 수도꼭지까지 세균의 변화가 없도록 유지하는 방안으로 염소 외 네덜란드와 같은 동화가능유기탄소를 통한 제어 방안에 대한 검토가 필요하다.

염소 투입량의 조절과 자연형 수처리 시스템의 도입은 수돗물의 맛과 냄새를 개선하고, 환경에 미치는 영향을 줄이는 중요한 단계이다. 국제적인 추세에 맞춰 약품의 사용을 최소화하고, 취수 과정에서의 자연형 수처리 강화와 공급배관에서의 수질관리를 통한 상수도 정책의 전환도 고려해 볼 필요가 있다.

결론적으로, 우리나라의 수돗물 관리와 공급 시스템은 지속적인 관심과 연구, 그리고 국제적인 성공 사례의 벤치마킹을 통해 더욱 발전할 수 있다. 네덜란드와 같은 선진국의 사례를 참조하여 수돗물의 질과 안전성을 향상시키고, 국민들이 수돗물을 믿고 사용할 수 있는 환경을 조성하는 것이 우리의 목표가 되어야 할 것이다. 이를 통해 우리나라의 수돗물은 국민의 건강을 보호하고, 환경에 미치는 영향을 최소화하는 지속 가능한 수돗물 관리의 모범이 될 수 있을 것이다.

참고 자료

UNESCO, 2023. https://www.unesco.org/en/articles/imminent-risk-global-water-crisis-warns-un-world-water-development-report-2023

Water.Org, 2023. https://water.org/our-impact/water-crisis/global-water-crisis

서울정책아카이브, 2016. https://seoulsolution.kr/

J. J. Rook, 1974. Formation of haloforms during chlorination of natural waters, Journal Water Treat.

P. W. M. H. Smeets, G. J. Medema, and J. C. van Dijk, 2009. The Dutch secret: how to provide safe drinking water without chlorine in the Netherlands, Drinking Water Engineering and Science 2(1).

M. Bucheli-Witschel, S. Kötzsch, S. Darr, R. Widler, T. Egli, 2012. A new method to assess the influence of migration from polymeric materials on the biostability of drinking water, Water Research, 46(13).

안전한 물 공급을 위한 관의 중요성

PPI PIPE 대표이사 **이혜선**

이번 《물이 말한다_시대와 국경을 뛰어넘는 물 이야기》를 발간하면서 고대에서 현재까지 인류 발전과 함께한 물의 역사를 이해하게 되었고 인류 건강에 미치는 물의 영향과 안전한 물 공급을 위한 배관의 중요성에 대해 느낀 바가 큽니다.

전체 질병의 88%가 안전하지 못한 물을 마셔서 발생합니다. 근대화가 시작되면서 도시가 형성되었으며 이에 따라 도시로의 물 이동이 필요하게 되었습니다. 물 이동에는 관이 있어야 하고, 안전한 물 공급을 위해서는 관이 안전해야 한다는 것은 불을 보듯 명백한 사실입니다.

1976년 사업을 시작하면서 물의 공급처와 수요처를 이어 주는 관의 중요성에 대해 누구보다 일찍 깨닫고 신제품 개발과 최고의 품질 지향으로 국내 배관산업 발전을 위해 지금까지 근 50여 년간 애써 오신 회장님의 노력으로 PPI는 현재 수많은 신제품 개발과 국내·외 140여 건의 산업재산권, NSF, FED, ASTM, JIS, FM 등 다수의 인증을 보유하게 되었습니다.

2013년 개발된 iPVC 수도관은 불가능하다고 여겨지던 충격강도와 인장강도를 동시에 높여 내수압 강도가 국제표준 대비 30배 이상 강하며, 220년 장수명 제품으로 배합 처방 기술과 압출 가공 기술 향상을 통하여 개발에 성공하였습니다. iPVC 수도관 개발을 통해 수도관의 고질적인 녹과 부식, 깨지거나 터지는 문제는 모두 해결하였지만, 이음관은 여전히 주철 등 금속 소재 이음관을 사용하여 상수도 라인 전체로는 녹과 부식에서 완전히 자유로울 수 없었습니다. 이에 PPI는 2016년부터 상수도 라인 전체에서 녹과 부식의 문제를 해결하고자 iPVC 소재를 이용한 이음관 개발에 착수하였고, 2023년 23종의 iPVC 이음관 개발에 성공하였습니다. 이는 우리 PPI가 이룬 또 하나의 혁신입니다.

iPVC 소재를 파이프와 이음관에 모두 적용함으로써 수돗물 공급라인 전체에서 녹물 및 부식 발생을 완전히 제로('0')화 할 수 있게 되었습니다. iPVC 수도이음관은 시공 속도 향상, 변형 유지, 수충격에 견딜 수 있는 구조를 적용하여 기존 단순한 형태의 이음관 구조를 탈피함에 따라 미국 전시회에서 미국에서의 물 산업 게임체인저가 될 것이라는 찬사를 받고 있습니다.

새로운 50년을 이어 가야 할 당사자로서 물 산업에서의 PPI 업적이 자랑스러우면서도 한편으로는 향후 '100년 기업'으로서의 위상과 가치를 더욱 새롭게 하며, 한층 더 성장시켜야 한다는 의무감, 책임감으로 어깨가 무거워짐을 느낍니다.

지금까지 PPI PIPE 제품을 믿고 선택해 주신 고객 여러분께 진심으로 감사드리고, 회장님의 창업 정신을 이어받아 지속적인 최고의 품질 향상 및 신제품 개발 활동과 함께 고객에게 감동을 줄 수 있는 서비스 강화로 PPI가 '국내 1위를 넘어 세계시장에서의 초일류기업'으로 더욱 성장하는 모습을 보여드릴 것을 약속드립니다.

　　감사합니다.

참고 문헌 및 매스미디어

계형산, 〈PVC 상수도관의 소재 특성 비교〉

국가물관리위원회 홈페이지 https://water.go.kr/

국가유산청 국가유산포털 https://www.heritage.go.kr/heri/cul/

국립민속박물관 https://www.nfm.go.kr/

네이버블로그 〈에스더〉 '로마 트레비분수 젤라또와 물탱크' (https://blog.naver.com/estheryoo5/222939122723)

네이버블로그 〈우리나라 역사〉 '일본과 세계 하수도 역사'(https://blog.naver.com/ss920527/222338685995)

네이버지식백과 '에게 문명(Aegae civilization, -文明)' (Basic 고교생을 위한 세계사 용어 사전, 2002. 9. 25., 강상원)

대한민국 정책브리핑(www.korea.kr) '미래 사회 흥망성쇠 될 수 있는 '물' - 물 산업 육성, 대한민국 지속가능한 발전 위한 과제'(2010년 12월 8일)

두산백과 '아우크스부르크의 물 관리 시스템(Water Management System of Augsburg)'

미즈칸 물 문화센터 세미나 리포트 '나무로 만든 수도관 - 에도 시대의 인프라를 지탱한 수도의 형태'

분과위원회 보고서 소변 및 하수 연구회 발췌 - 2017년 1월 14일(금) 발표자:나카미츠 가츠아키(도쿄도 주오구 교육위원회) 제목:'에도 유적에 있는 마치야의 하수'

빅토리아 투데이(victoday.ca) '캐나다 전역에 석면 시멘트 수도관 여전…안전한가?'(2023년 3월 30일)

서울시 상수도사업본부 블로그 https://blog.naver.com/i-arisu-u

서울특별시, 《서울상수도백년사》 2008년 발간 - 서울특별시 상수도사업본부

서울특별시 수도박물관 https://arisu.seoul.go.kr/arisumuseum

아리수 홍보관 https://e-arisu.seoul.go.kr/

아틀라스뉴스(www.atlasnews.co.kr) '[물과 문명]사막지대의 생명선, 지하수로 카나트'

〈영국〉 템즈워터, 빅토리아 시대의 하수도 시스템 업그레이드(2023년 1월호)

오피니언뉴스(www.opinionnews.co.kr) '블룸버그, "사우디 네옴 시티 주변 사막 농산물 시설 육성"'(2023년 8월 7일)

워터저널(www.waterjournal.co.kr)

위키백과 '두장옌'

위키백과 '모헨조다로'

유네스코와 유산(heritage.unesco.or.kr) '세고비아 옛 시가지와 수도교'

이현동, 〈수도관 내부부식의 원인과 대책〉, 水道 제68호 p.59 (1994년 7월)

주 OECD 대한민국 대표부, '파리 하수도 박물관' 홍보자료

파퓰러사이언스(www.popsci.co.kr) '도자기로 만든 수로, 고대 마을 주민들이 만들었다'(2023년 8월 17일)

한국수자원공사 홈페이지(www.kwater.or.kr) K-water 온라인 수도박물관(미래 수도관)

한국전력공사 전기박물관 https://home.kepco.co.kr/kepco/PR/F/htmlView/PRFAHP001.do?menuCd=FN0605

환경부, 《한국상수도 백년사 - 생활에서 생명까지 맑은 물로 지켜 온 100년》, 2008 (발간:환경부, 기획:한국상하수도협회)

환경부, 《한국하수도 발전사》 1권 제1장 '인류문명과 세계의 하수도'

환경부, 《한국하수도 발전사》 1권(통사) 2절 '세계의 하수도 발전사 - 1. 고대 하수도'

C.M.B. Martins et al., "Corrosion in water supply pipe stainless steel 304 and a supply line of helium in stainless steel 316", Engineering Failure Analysis, 39 (2014) pp.65-71

NSF International 홈페이지(http://nsfkorea.org) 'NSF 인증' 소개글

시대와 국경을 뛰어넘는 물 이야기

물이 말한다

초판 1쇄 발행 2024년 6월 12일

편저자	PPI 기술연구소
발행처	예미
발행인	황부현
기 획	현혜수
감 수	현인환, 최승일
편 집	김정연
디자인	김민정

출판등록 2018년 5월 10일(제2018-000084호)

주소 경기도 고양시 일산서구 강성로 256, B102호
전화 031)917-7279   **팩스** 031)911-5513
전자우편 yemmibooks@naver.com
홈페이지 www.yemmibooks.com

ⓒ PPI 기술연구소, 2024

ISBN 979-11-92907-39-0 03300